2000社の赤字会社を
黒字にした

社長のノート

「不確実な未来」
を生きる術

長谷川和廣

はじめに

　会社が赤字に転落する理由をご存じでしょうか？
　経営判断のミス？　財務体質の悪さ？　人的マネジメントの失敗？　たしかにこれらも間違いではありません。
　けれど、その理由はもっとシンプル。
　私が、2000社以上の赤字会社を見てきた経験から断言できるのは、「利益を生み出す力が低い」ことです。
　ここで言う「利益」とは、営業職や商品開発部はもちろんのこと、総務、経理、営業事務の人たちや新入社員にも求められる数字や目標です。そして、「利益を生み出す力」は会社に属していようといまいと、資本主義社会を生きるうえで欠かせない能力です。

　ここで少し自己紹介をさせてください。
　私はこれまで、7社のグローバル企業で経営幹部や代表取締役社長を務め、ときには"再生コンサルタント"として、2000社を超える赤字会社を黒字化しました。
　ニコン・エシロールの代表取締役時代には、50億円もの赤字を1年目に黒字化、3年目には無借金経営に導いた経験もあります。また、私は新製品開発にも注力し、

ケロッグでは「玄米フレーク」を、ジョンソンでは消臭剤「シャット」などのヒット商品を世に送り出しました。現在は、会社再建などを中心に国内外企業の経営相談やセミナーなどを精力的にこなしています。

「再生仕事人」として働いた50年の間、仕事中や移動中に気づいたプロフェッショナルの仕事のコツや利他の心構え、組織の良し悪しなど、日々「おやっ！」と思ったことを書き留め、「OYATTO NOTE」（おやっとノート）と名づけました。その数は283冊に達します。

　私は、ノートを書く習慣によって磨かれたことがかなりあり、多くの知的な財産を得たように思います。特に、判断のスピードが格段に速く、正確になりました。まったく仕事と関係ない事象も、因果関係を分析するクセをつけておくと、「あ、これはあの過去のパターンと同じだ」と脳の思考回路が鍛えられるのです。それによって戦略策定力や企画立案力が飛躍的にアップしました。

　この「OYATTO NOTE」から内容を抜粋して作られたのが『社長のノート』です。シリーズで3冊、多くのビジネスパーソンや経営者の方に支持していただき、累計25万部を超えるベストセラーになりました。

『社長のノート』が出版されたのは2009年7月のこと。世界経済を揺るがしたリーマン・ショックのダメージが色濃く残っていたこともあり、1冊を通じてのテーマは「生き抜く術」でした。

　しかし、それから年月が経ち、「生き抜く」という表現を使えるほど、今は易しくないと感じるのです。むしろ、個人も企業も、ただ「生きる」ことが十分難しくなっている、と。

　本書は、『社長のノート』全3冊から今の時代に合った、「生きる」というテーマにふさわしいトピックを選び出し、再編集したものです。さらに、第3弾出版以降も書き続けた新コンテンツも収録しています。

　生きる環境がどう変化しようとも、何事にも前向きに立ち向かい、挑戦する姿勢が求められます。そのときに無手勝流では沈没の憂き目が避けられません。歴史が語るように、普遍的な法則や、変化する環境に対応した戦陣の経験、事例が羅針盤になるはずです。

　この本によって、「生きる力」を身につけ、誰もが立ち向かうであろう課題をしなやかに乗り越えるための一助になれば、著者として最高の幸せです。

2017年10月　　　長谷川　和廣

CONTENTS

はじめに 3

第1章
会社で大切にされる人、されない人の違い

1 会社から大切にされるのは、変化させられる人 16
2 あなたが本当の「人財」になるための8つの言葉 17
3 仕事上手な人は、6つの能力を持っている 18
4 言われたことだけをやるのは、仕事ではない 19
5 評論家では、頭が良くても嫌われる 20
6 抜群の実績がリストラの免罪符になるほど会社は甘くない！ 21
7 ビジネスで最も重要な知識は「勉強」では身につかない 22
8 「名刺の枚数＝人脈」と勘違いしてはいけない 24
9 肩書きを目指すな！ 成功を目指せ！ 25
10 切れる人から、できる人に。できる人から、導ける人に！ 26
11 「君が言うなら、話を聞こう」そう思われる人になれ！ 28
12 人間力を身につけるには「本物」に触れ続けなさい 29
13 ハードワークを恐れるな！ 自分の限界を知った人は強い 30
14 他人のアラ探しをする人は会社から見放される！ 31
15 腐ったリンゴは箱から出される！ 32

16 犯人捜しのプロになってもビジネスでは役立たない　33

17 ピカピカのトイレは決して汚れない！　34

18 「人員を増やしてほしい」と言う前に　35

第2章
変化を先読みし、利益を生み出す人が生き残る

19 「利益を出す！」その発想が抜けている人が意外に多い！　38

20 利益がどう生まれるのかを知っている人は強い！　39

21 仕事の報酬は仕事。利益を出すから、次の仕事がやってくる　40

22 お金に苦労しなさい！そしてお金に執着しなさい！　42

23 利益を生むために必要な口ぐせ　43

24 お客様からの入金……あなたは御礼のひと言を必ず伝えていますか？　44

25 ビジネスの極意は、相手の支払い能力の見極めにある　45

26 調査を駆使して、自社を優位に導く戦略を切り開く！　46

27 「最小の投資で最大の効果」は間違い。その理由は？　47

28 コスト削減アタマでは、なぜ利益が得られないか？　48

29 コストを削減して、収益力を高める2つのキーワード　49

30 「能力×時間」の考え方が、できる人になるための条件　50

31 商売繁盛で大切なのは、顧客名簿より同業者名簿！？　51

第3章
若いときは失敗を恐れず、仕事の基礎を身につける

- 32 20代のときに身につけてほしい「我慢の大切さ」　54
- 33 仕事へのモチベーションを高めるために考えたいこと　55
- 34 自分を黒字化してアタマ1つ、抜け出そう！　56
- 35 負の連鎖を断ち切る一番のクスリは成功体験！　57
- 36 私が再生会社で実践してきた10の考え方　58
- 37 ストレスを溜めないためには、細かいことほど気を使う　59
- 38 折れないハートを作る6つの魔法の言葉　60
- 39 修羅場に強いハートを手に入れる　61
- 40 「なるようにしかならない」とシンプルに考える　62
- 41 失敗から学べる人は偉大である　63
- 42 反省があるから前進もある　64
- 43 負けを認めてすぐに再挑戦せよ！　66
- 44 「ネバー・ギブアップ！」諦める前にこの言葉を3度言え！！　67
- 45 コケそうになるのをこらえるから速く走れる！　68
- 46 机が汚い人は、仕事で間違いを起こす　69
- 47 身なりのだらしない人は、それだけで大損している！　70
- 48 自分に自信が持てない人は「早起き」しなさい　71

第4章
偽物でない「プロ」と呼ばれる人になる

49 「仕事のプロ」は、いざというときに逃げない　74

50 プロの仕事人になる5つの必要条件、3つの十分条件　75

51 本物のプロとは、エラーをしない人　76

52 プラス思考は、強い意識がなければ身につかない　77

53 仕事のプロは、強い思い・高い志を持って努力する　78

54 徹底的にプロセスにこだわれば、本当の実力が見えてくる　80

55 好調なときこそ、不振の芽が生まれていると思え　81

56 判断は緻密に！　決断は迅速に！　82

57 ライバルの計画・実行がブレたときこそ王道を歩け！　84

58 営業上手が特別サービスを受ける理由とは？　85

59 人間のニーズには10種類ある　86

60 できる銀座のホステスのねだり方こそ、依頼の見本　87

61 相手の目を見て話すほど、営業はうまくいかない　88

62 お客様が声にしない不満を察知できる人は優秀な人　89

63 お客様はお店で買う気を発して待っている！　90

64 出社と同時に100%で仕事に向かうのが真のプロフェッショナル　91

65 レスポンスはとにかく早くする習慣を　92

第5章
人工知能に負けない企画力・発想力を育てる

66 PDCAの前にやるべき重要な作業　96

67 仕事ができる人ほど、使えるフォーマットを持っている！　97

68 7つのプロセスで「思いつき」を「企画」に変える　98

69 企画書はA4に1枚で！ それ以上はムダなこと　100

70 ニーズは、欲求を満たす3層構造からできている　101

71 利益の見えない企画書はただの報告書　102

72 アイデアは「質より量」でひねり出す　104

73 発想力を磨くには、異業種に仮想のライバルを作れ　106

74 予備の企画を常に3つ用意しておく　108

75 迷ったときは、シーズよりもニーズを優先する　110

76 ヒットを狙うよりも、ライバルを叩く方法を考えよう　112

77 ヒットを生む名人、企画すらとおらない凡人　114

78 データが蓄積されるほど、法則性と例外が見えてくる！　116

79 ブームが続くための本質的な方法　118

第6章
ますます求められる「リーダーシップ」の原則

80 リーダー必須の心構え7カ条　122

CONTENTS

81 真のリーダーになりたければ、こんな行動をしなさい　123

82 改革を唱えることは簡単！ だが、組織に浸透させるのは至難の業　124

83 人を動かす5つのコツ　125

84 昇進させるべき人物像は「部下に花を持たせる」ことができる人　126

85 リーダーは「絶対に黒字にする！」という執念を持て！　127

86 怖がられる人間ほど本物の信頼を手にできる！　128

87 リーダーに求められる「理論武装」とは？　130

88 部下を叱ったら必ずその倍、ほめなさい！　131

89 リーダーの能力とは、一緒に働く人たちのモチベーションを上げること　132

90 部下のやる気スイッチを入れる4つの「ほめるとき」とは？　133

91 同じほめるなら、朝一番にほめなさい　134

92 部下の隠れた能力を見つけ出し、再生せよ　135

93 リーダーの求心力は「言行一致」で決まる　136

94 内から湧き出る存在感を持て！　138

95 良い指示にはメモがいらない　140

96 お客様は神様……。でも、ときと場合によっては部下をかばってほしい　141

97 売り上げに悩んだときにリーダーが自問すべき言葉　142

98 「マイナスの口ぐせ」が社内に蔓延する5つの原因　143

99 ビジネスの現場に必要なのは、実はネガティブ思考！　144

100 勝ち続けているチームのゴールキーパーは交代させるな！　145

第7章
生きるために、横着心を捨てなさい

101 3つの差をつければ、「生きる競争力」が生まれる！ 148

102 不況において、企業と個人が生き残る方法は同じ 149

103 仕事に必要なのは、マニュアルではなく「兵法」である！ 150

104 1ミリの成長でもおろそかにしない 151

105 将来の心配をするよりも、目の前の難題を片付けよう 152

106 「信用力」＝「担保力」。あなたが差し出せる担保は何ですか？ 153

107 専門知識と人間性が生き残りの絶対条件！ 154

108 何でもできる器用貧乏がすぐに忘れられる理由とは？ 156

109 学歴があっても学力がない人、体力があっても根性がない人 157

110 大不況時に知っておくべき、首の皮一枚戦略 158

111 生き残る会社とは、社員の家族までもが誇りを持つ会社である 159

112 自分を成長させるには、10割以上の力が必要 160

113 名ギャンブラーの考え方に学ぶ「経営のイロハ」 161

114 ブランド力は、決してストックできない 162

115 論理の積み重ねこそがビジネスである 163

116 ピンポイントで勝負しろ！ 164

117 生き残りの方法は、動物たちが知っている 165

118 日本製品のブランド力に自信を持て！ 166

第8章
自分の限界を超えた力を出すために必要なこと

- **119** 「ぜひ私にやらせてください」と言える人間であれ！　170
- **120** 自信を失いかけたら自分の長所を書こう！　171
- **121** ほしい情報は目の前、足元に転がっている　172
- **122** 新しいビジネスモデルは「感謝」の中にある！　173
- **123** 「心に塵1つ、なし！」この心境で仕事をしよう　174
- **124** すべてをやり尽くせば、リスクを冒すことは怖くない　176
- **125** プロジェクトを成功させたい人は、村おこしの法則に学べ！　178
- **126** 日本人の特質を十分に生かせているか？　179
- **127** 無気力な環境を放置してはいけない！　180
- **128** ビジネスの世界では70点で許されない！　182
- **129** 自分の財産を事業につぎ込む勇気を持ちなさい！　183
- **130** 身体を使っていない人、頭を使っていない人にツキは決して回ってこない　184
- **131** 不運を嘆くな！幸運も喜ぶな！　186
- **132** ゴールへの道筋は1つではない　188
- **133** 完璧を目指しなさい！そこには必ず副産物がついてくる　189
- **134** 結局、一歩一歩進む者が一番遠くまで進む　190

装丁・本文デザイン＝石間　淳
DTP＝野中賢(株式会社システムタンク)

第1章
会社で大切にされる人、されない人の違い

あなたは「経営者の心のうち」がわかりますか？ 弱肉強食の時代、トップの本心はずばり「背に腹は代えられない」です。だからこそ、今以上にやる気を出し、底力を見せつけなければなりません！ 今のあなたは周りを動かして活躍している人か、それとも出番がなく実力の半分も発揮できていない人なのか。まずは、そこを深く自己採点してください。そして自分の存在価値を高め、会社から求められる人財になるための心構えを身につけてください！

1
会社から大切にされるのは、変化させられる人

　赤字の再生企業に出向いた際、私がまず味方につけたいと思う人材は「変化させられる人」でした。

　私が企業競争の現場で経験した結果を分析してみると、多くの会社で起こった繁栄と衰退には、明らかな原因がありました。

　生きることに成功している会社は、刻々と変わる社内外の経営環境を見極めて自分の会社を変化させる力がある。一方、不幸にして生きることに失敗した会社は、弱点を自ら変える力が弱っているのです。

　つまり、古い体質を改善できずに「儲けを生み出せないシステム」のままでいたら、時間の経過とともに格差は、どんどん広がってしまいます。

　これは個人のレベルでもまったく同じです。**「実績を生み出せない自分」のまま、ただ給料をもらっているだけでは、いつの間にかライバルたちに差をつけられてしまいます。**

　まず、個人レベルで今までの価値観を根底からシフトする勇気を持ってください！

2
あなたが本当の「人財」になるための8つの言葉

　よく人材のことを「人財」と表現しますが、的を射た使い方をしているのを見たことがありません。私が定義する「人財」とは「未来を自分たちの手で作っていける人」のことです。

　そのためには、①人柄をよくしよう、②人知れず努力しよう、③雑学を学ぼう、④人の眼を見て話し、明確な答えを返そう、という「魅力的な人になる」ための4つの言葉と、⑤金の切れ目が縁の切れ目と割り切ろう、⑥どんなに信じ合っても裏切りがある、という「人間の本質への諦観を持つ」ための2つの言葉。

　さらに、⑦本物は絶対に生き残る、⑧出る杭は打たれるが出過ぎた杭は打たれない、という揺るぎない生き方をするための2つの言葉を実行することです。

　人間、どんなに好かれていても仕事を成し遂げる過程で裏切りにあう可能性は否めません。そこで折れない心を保つ——そんな効果が、この8つの言葉を常に唱え、実行することにあるのです。

3
仕事上手な人は、6つの能力を持っている

　私がすべての再生会社にしたことの1つは、全社員に「業務チェックリスト」という計画書の提出を義務づけたことです。これは課題について、どんなスケジュールで、どのような手段で解決するかを1カ月の行動予定にして書くものです。

　業務チェックリストをきちんと作成するには、

1．問題を発見しているか
2．問題についての情報を分析しているか
3．最重要の問題は何かを見抜いているか
4．問題解決のための目標を設定しているか
5．目標を達成するための戦略を作り上げているか
6．戦略を具体的な行動に落とし込んでいるか

という6つの能力が必要になります。1つでも欠けた要素があると、見当外れで意味のない仕事をしてしまったり、実現不可能だったりといった結果になるのです。

　業務チェックリストを書くようになってから、社員は常にこの6つの観点から仕事を考えるクセがつき、驚くほど仕事上手に変身しました。

第1章　会社で大切にされる人、されない人の違い

言われたことだけを
やるのは、仕事ではない

　昔は仕事のことを「為事」と書いて、「しごと」と読んだそうです。ところが江戸の頃になって、「仕える」の「仕」の字を使うようになったといいます。

　終身雇用が当たり前の、完全に雇われている時代までは、「仕える」を意味する「仕事」という字のほうがピッタリという感じがします。しかし最近は「為事」のほうがしっくりくるのは、私だけでしょうか。

　つまり、これからは「仕事」を誰かに仕えることでなく、「何かを為すためにすること」ととらえてほしいのです。「何かを自発的に為すことによって、その対価を得る」という発想に切り替えるということです。そのためには常に自分の目標やゴールを明確にして、突き進まなければなりません。

　仕えているだけの仕事は、ご主人様の命ずるままの仕事です。それは果たして面白い人生でしょうか？　喜びが見出せるでしょうか？

　人のためにやるのではなく、自分のためにも、「仕事は為事」と考えてください。

5
評論家では、頭が良くても嫌われる

「周りより能力が劣っているわけでもない。むしろオレのほうが頭は良いのに、なぜか上司に好かれていない」と悩む人は意外に多いようです。

しかし実は、能力さえあれば上司に好かれるということ自体が幻想なのです。といっても、これは上司が部下に嫉妬しているわけでも、扱いにくさを感じているわけでもありません。実は知恵が回る人物ほど、口先だけの評論家になりやすいからなのです。

評論家は、自分では決して作品を作らず、美点をほめることよりも欠点をあげつらうのがうまいわけです。こういう部下に仕事を頼むと、「わが社は販売網が弱いので難しいですね」とか「この不況下にその価格じゃ、誰も買いませんよ」などと、決まって「まずはできない」という言い訳から始まるのです。

しかし、上司の立場からいうと、これは手抜きのための予防線を張っているだけにしか思えません。**真に評価されるのは不利な条件で良い結果を出す人**。むしろダメ元で仕事にぶつかる部下が大好きなのです。

6
抜群の実績がリストラの免罪符になるほど会社は甘くない！

「ちゃんと実績を上げている人は、リストラとは無縁です」とは、私は断言できません。たしかに崖っぷちの企業が行う整理解雇というリストラでは、まず明らかに実績や能力が劣っている社員がターゲットになります。

しかし、本当にダメな社員というのは、ほんのひと握りしか存在しないもの。ですからある程度の人数をリストラしなくてはいけない場合、実績や能力が平均レベルに達している人材でも、決して安心はできないのです。

普段から遅刻が多い、上司に反抗的、女子社員にセクハラをする、ギャンブル好き……たとえ実績を上げていても人間性に問題がある場合は要注意。コンプライアンスが叫ばれる中、企業は成果より数字に表れない人間性を重視し始めているのです。

さらに、私個人は**「モラルの低い人はいつか信用を失い、数字にも見放される」**と考えています。成果に安住し、傲慢に振る舞う愚をあなたは避けてください。

7
ビジネスで最も重要な知識は「勉強」では身につかない

 最近は、競争の激化や国際化で個人の能力強化が求められています。
 語学力をはじめ、独立したときに備えて会計や法務などの勉強を始め、そのための学校に通ったりと、計画的な将来の準備を怠らない人もいます。

 勉強熱心な人に水を差すようですが、ビジネスで最も重要で必要性の高い知識は、実務経験を通して身につくタイプのものです。
 いくら長時間、机に向かって勉強しても、決して身につかないものばかりです。実際の経験を通じてしか身につかない「知恵」のようなものといっていいかもしれません。
 ですから、まずは現場の仕事の中からできる限りたくさんのことを吸収する努力をしてください。
 もちろん一方で、勉強しないと身につかない知識が不要というわけではありません。TOEICのスコアを人事評価に取り入れている会社は多いですし、自分がやり

たい仕事に必要とされる資格を持っているに越したことはないでしょう。

しかし、幅広く勉強する必要はありません。

今後1年以内に必要になるであろうスキルや知識に限定し、集中して勉強すればいいのです。

学習は必要に迫られてやったほうが効果的に短期間で身につきます。

いつ役立つかわからないモノを学んでも切迫感がありませんから、集中力が高まらず、かえって非効率だと思います。

将来、経営側に回った際に必要となりそうな知識も、その可能性が見えてきてから学び始めて遅くないでしょう。

8
「名刺の枚数=人脈」と勘違いしてはいけない

　人脈に対する私の考え方は、世間の方々と真逆かもしれません。

　たとえば、世の中のすべての人が評価している有名人と知り合うのが私にとっての良い人脈、とはまったく思っていないからです。

　私の「良い人脈」の定義は、自分の弱さを補ってくれる人や、自分の強さを理解して向上させてくれる人です。異業種交流会に出向いて名刺をいくら集めても、その人たちは友人になるわけでも助けてくれるわけでもありません。はっきり言って、自分から人脈を求めたところで、本当の人脈になるとは思えないのです。

　では、どうすれば人脈ができるのか？

　それは相手が自分の良さをわかってくれたときです。私の場合を思い返してみると、自分で言うのもなんですが、私の「バカがつくほどの真面目さ」に相手が気づき、それが信頼に変わったことがありました。

　名刺交換する時間があったら、自分を磨くほうがはるかに人脈を得る機会が増えると私は思うのです。

肩書きを目指すな！
成功を目指せ！

　ビジネスパーソンが昇進を目指すのは当然です。より大きな成果を得るためには、肩書きは力になりはしても、邪魔にはなりません。だからといって、肩書きばかりを目標にする人は問題です。

　なぜなら、**大きな仕事を成し遂げたいという願望もなしに、ただ肩書きを得ることに執着する人は、人を蹴落とすことも平気だからです。**

　実は業績が悪い会社ほど、こういう人が幅をきかせています。この手の人は肩書きを手に入れるという目標を達成したとたんに守りに入る。保身だけに心を配り、その後は、大きな仕事を成し遂げるための労力を惜しみ、会社にぶら下がろうとします。だから、そういう人が上にいる組織が発展しないのは自明のことです。

　弊害はそれだけではありません。彼らが蹴落とそうとするターゲットは、実は優秀な人材。ここが大問題です。これらのできる人が冷や飯を食わされたり、転職を余儀なくされたりするのは、企業にとって痛手以外の何物でもないからです。

10
切れる人から、できる人に。できる人から、導ける人に!

　私は20代半ばから種々多様な人たちと出会ったせいか、潜在能力のあるビジネスパーソンには３つのステージがあることに気づきました。

　第１段階は**「切れる人」**。この手の人は頭の回転が速いので、才能は感じさせます。

　しかし、生意気が鼻につく。仕事に関しても「術」のレベルの人です。

　なぜ生意気で終わってしまうかというと、調整力がないからです。自分が「全体の中の個」という観念が抜け落ちているせいで、自分の手の届く範囲でしか仕事を上手にこなせないのです。

　第１段階の人が調整力を身につけると、「できる人」の段階になります。ひと言でいうと**「尊敬される人」**にランクアップするわけです。

　仕事上でも、小手先の「術」ではなく、調整力を使って人を動かし、「策」を打てるように成長する。こうなってくるとセクションのリーダーを任せても安心です。

さて、そういう「できる人」が進む第3ステージは何でしょうか？

　私は**「導ける人」**だと思うのです。

　単に社内レベルだけではなく、世のため、人のためになるようなロードマップ、いうなれば「道」を示すことができるようになるのです。

　しかし、ここまで達するには仕事に打ち込むだけでは、事が足りません。常に自社のため、自社の人間のために考えるのは当然のことで、さらに社会のために何をするのが正しいかを考えてこそ、達することができる域だと思います。

　そう考えると、1つの答えが出てきます。**「切れる人」は、自分のことしか考えられない人。「できる人」は、部署や社内に心を配れる人。「導ける人」は、広く社会のことまで考慮できる人……。**

　実は、人間の度量は、どれだけ多くの人に対して責任を持てるかで測れるということです。

11
「君が言うなら、話を聞こう」そう思われる人になれ!

　ビジネスパーソン一人ひとりの、一番大切な財産は「信頼関係」です。その財産を築きあげるために必要な資質とは何かと考えたとき、結局のところ「人間力」という言葉に行き着きます。

　ちょっと社内を見渡してください。

　どんなに見た目が素晴らしい企画書でも、「この人の作った資料、なぜか信用できないな」と思われる人や、「正論なんだけど、どうしてもあの人の言うとおりにはしたくないな」と感じてしまう人が、あなたの周りにもいるのではないでしょうか?

　そういう人物は、ウソをついているとは言われない程度に情報を隠したり、裏表があったり、人の揚げ足を取ったりする、どこか誠意に欠ける人だと思います。

　では、どうすれば信頼関係が築けるのでしょう?

　そのためには、**普段から人の話を誠実に聞き、常に素直な心で他人と向き合うしかありません。**小手先のテクニックは、たとえ相手から見破られなくても、実は確実に相手に「感じ取られて」いるからです。

12
人間力を身につけるには「本物」に触れ続けなさい

「仕事ができる人」と評価されるのは、ビジネスの原理・原則や専門知識を十分に身につけ、さらに周囲の人々を巻き込みながら仕事ができる人です。

しかし仕事のプロにはさらに上のレベルがいます。それは経営陣に加われる人財、つまり「経営のプロ」です。

実は、できる人の中で、経営のプロにまで上がれる人は限られています。専門知識や仕事のノウハウ以外にも、「人間力」が問われるからです。

経営のプロには、ともすると世間常識から逸脱するようなことがあっても、そのたぐいまれな人望・人徳によって、社員や取引先など多くの人がついてくるのです。

人間力を身につける近道は、一流の人や本物と深く接触することです。仕事で尊敬すべき一流の人がいたら、直接会ってみましょう。私は、その人の服装などもマネしたものです。

そして、その人の仕事ぶりから、話し方、振る舞い方、生活ぶりまで学ぶのです。できれば、彼の懐に入ってしまうのが理想です。

13
ハードワークを恐れるな！
自分の限界を知った人は強い

　私は部下に、常にハードワークを求めました。それは自分のセクションの業績を上げるためです。当然でしょう。それがリーダーの務めですから。

　部下に今までの2倍の働きを求めはしましたが、それで2倍の成果が上がったわけではありません。

　実は本当の狙いは、仕事漬けのハードワークを一度こなすことで、部下に自分の限界を知ってもらいたかったのです。

　聞いた話ですが、野球の「千本ノック」は、根性を鍛えるだけの練習ではないそうです。疲労困憊した状態で球に食らいつくことで、「ムダな動き」が少ない捕球術が身につくのだそうです。

　仕事も同じです。**根性も大事ですが、ムダも削り取らなければなりません。**ハードワークを半年も続けると、スピーディにこなせる「真の仕事のフォーム」が身につくのです。

14
他人のアラ探しをする人は会社から見放される!

　再生会社に単身、乗り込んだとき、私は必ず次のように宣言します。
「密告は奨励するが、だからといって優遇はしない」
　どういうことかというと、再生を必要としている会社はどこも、風通しが悪く、いわばカビや害虫の温床となっている古い家のようなものです。
　ですから、どこにカビが生えて、害虫がいるのか……つまり、どこに不正や経営悪化の要因が潜んでいるかという情報は、その「家」を蘇らせるために、必要不可欠な情報。しかし、その情報提供者を優遇してしまうと、危険な密告社会になってしまいます。
　どんな会社にも「言いつけマン」がいます。他人のアラを探して、自分の存在場所を確保しようとする人たちです。**特に再生会社では、業績が芳しくないのに大きい顔をした人が経営者のそばにいるケースも多い。**しかし、こういう人たちこそ実は「害虫」。彼らを優遇してしまうと従業員が不安になるだけでなく、本当に優秀な人はバカらしくなって他社に流出してしまうからです。

15 腐ったリンゴは箱から出される！

　売り上げが上がらない理由を、不況や世の中のせいにする人がいます。私が見てきた業績悪化の会社の多くも、そんな経営者や幹部でいっぱいでした。
　しかし不況の時代でも、業績が早々に改善されていく会社もあります。その共通点は「社内の不平や不満が少ないこと」です。
　なぜか？
　それは不平や不満を言う暇もないほど、仕事に没頭している社員が多いからです。
　不平や不満というものは、実は仕事のない人ほど出やすい。そしてそんな暇な人が幹部として中枢をなしている会社が危ないのです。
　GE（ゼネラル・エレクトリック）の最高経営責任者を務め、そこでの手腕から「伝説の経営者」と呼ばれたジャック・ウェルチ氏の言うとおり、「腐ったリンゴは箱から出さないと、他のリンゴまで腐ってしまう」のです。

16
犯人捜しのプロになっても ビジネスでは役立たない

　ビジネスがうまくいかないとき、人は自分の行いを無視して、その原因を他に見つけようとします。たとえば「上司の戦略が間違っていたので裏目に出た」とか、「彼が商談のとき、余計なことを言ったから」などと、戦犯を捜そうと躍起になるのです。

　ところが、たとえ戦犯を見つけたところで、実は何も変わらないことに多くの人は気づいていません。**商談が失敗したことや業績が上がらなかったことは、犯人を捜したところで取り戻すことができないのです。**

　むしろ戦犯となった人を憎み、自分を哀れむことで、負のエネルギーを心にため込んでいくだけ。

　そんなときはむしろ、「これは試練だ」と腹をくくってしまったほうが前向きでいられます。

　すると、次の商談ではどういう点に注意するべきか、今の戦力に不足している部分をどうフォローするかといった具体的な対策に頭が向くでしょう。「過去よりは未来が大事」という発想こそが幸せを呼ぶのです。

17
ピカピカのトイレは決して汚れない!

　サービスの良さに定評のある、千葉のゴルフ場に行ったときの話です。古い建物なのに、なぜかトイレがとてもキレイなので、たまたま近くに居合わせた支配人風の人に、「トイレがピカピカで、凄いですね」と言ったら、「いやあ、いつもピカピカにしておくと、お客様皆さんが本当にキレイに使ってくださるので、逆に助かるんですよ」と答えてくれました。

　たしかに汚いトイレだと、どうせ汚いからと、ゴミを捨てたり、自分の服を汚さないようにと無理な姿勢になって、よけいに汚したり……。

　これはトイレの話ですが、職場も同様にピカピカであってほしいのです。

　いつも心の隅々までピカピカであれば、そのまぶしさに不正や甘い誘惑は寄りつきません。

　むしろ、ピカピカの仕事ぶりに周りが敬意を表して、あなたとは真摯な気持ちでつき合わなければ、と考えるはずです。

18
「人員を増やしてほしい」と言う前に

「人手が足りないから、すぐにでも部員を増やしてほしい」と言う人がいます。忙しいのはわかるのですが、そのときに考えてもらいたいことは、次のことです。

- 増員によって利益が出るのか、現状維持なのか？
- 増員しないときのマイナス点は、何なのか？
- 利益が出ないとすれば、それは元々ムダな仕事をしているのではないか？

このように考えて、やる仕事とやらない仕事を明確にすることです。自分が関わっている事業では、「いくらの売り上げがあり、コストをどれだけ使っているのか」あなたの部署の人は全員、その意識を持っていますか？

メンバーの質を向上させれば、こなせる仕事の質も量も上がり、現体制のままで増収増益が期待できるようになります。現状のやり方に甘んじないで、改善・改革をし、成長しながら実績を上げる人こそ「利益を出せる人」です。そんな努力を惜しまない人は、どんな時代が来ても生きていけます。

第2章
変化を先読みし、
利益を生み出す人が生き残る

1円でも多く稼ぎ、1円にこだわってコストを減らし、何が何でも利益を出すという意気込みを持つ。こんな心意気がなければ、個人も企業も生きることはできません。あなたの利益に対する考え方は正しいですか？ 自分たちが作り出す商品がどんなに素晴らしく立派だろうと、利益が出なければ価値がありません。だから、どんな悪条件にあったとしても、利益を突き詰めて考える人、売るノウハウに熟知している人は頼もしい存在なのです！

19 「利益を出す!」その発想が抜けている人が意外に多い!

　以前、私が再生させたあるメーカーで、セールスプロモーションのための店頭イベントを開催することになりました。イベントの成否は主婦層をどれだけ集客できるかにかかっています。

　担当者からプランが上がってきたとき、それは一見完璧なものに見えました。集客法や雨天の場合の対処法まできちんと練り上げてあったのです。

　しかし……、そのプランには「どれだけ売り上げに貢献できるか」という記述が、どこにも見当たらなかったのです。

　冗談のような話ですが、利益についての発想がスッポリ抜け落ちている「お役人型ビジネスパーソン」は意外に多いものです。

　そしてその大半は、自分がそうだということにまったく気づいていません。特に赤字会社の社員にこの手の企画書を提出させると、半数以上に利益に関する記述が見られないことも珍しくないのです。「いくら儲かるのか?」を常に考えることが仕事人の基本です!

20
利益がどう生まれるのかを知っている人は強い!

　会社が収益に敏感なのは当然です。
　しかし、私は収益を無視した経営をして業績が悪化している企業をたくさん見てきています。経営者ですらそうなのですから、普通の会社では70％の社員は利益についてあまり関心がなく、真剣なのはほんのひと握りの人間だけです。
　上から申し付けられたミッションを、ただ従順にこなしていれば自然と利益が上がる——そんな時代はもう過ぎ去りました。
　社員の一人ひとりが「1円でも多く！」という利益への執着心を持っていないと、とても実益を生み出す組織は作れません。
　ですから私が企業再生を請け負ったとき、最初に手をつけるのは「この会社はどういう方法で利益を生み出すべきなのか」ということを、社の全員に、まさに洗脳に近いカタチで理解してもらうことなのです。

21
仕事の報酬は仕事。利益を出すから、次の仕事がやってくる

　この言葉は、私がまだ30代の初めに、ある外資系企業でプロダクトマネジャーとして、日々、仕事に追われていたときに上司から教えられたものです。

　そのときは、ある食品関連のマーケティングを任されていました。プレゼンを5回はやりましたが、まったく企画がとおりません。

　これが最後だと思い、徹夜をして必死になって考え、ようやく提案が承認されました。

　その商品はその後、大ヒットし、会社の売り上げにも大きく貢献しました。

　それからです、いろいろな仕事が私のところに舞い込んできたのは——

　そんなときに上司に呼ばれ、**「仕事の報酬は、仕事なのだ」**と言われたのです。当たり前な、単純な言葉ですが、今でも心にずしりと残っています。

あの人は良い人だとか、あの人は真面目だとか、あの人は頭が良いとか──。

それだけで食っていけるほど、ビジネスは生易しくありません。

良い仕事をしたから、そして売れるものを作り、会社に貢献できたからこそ、次の仕事がくるのです。

だからといって、仕事が舞い込むものではありません。

あくまでも、「仕事の報酬は仕事」。

お客様や取引先、そして自社に大きく貢献し、利益を出したからこそ、次の仕事に恵まれる。

そして、だからこそ、自分や周りの人たちの生活も潤うのです。

22
お金に苦労しなさい！そしてお金に執着しなさい！

　私の実家の家業は材木商でした。兄が継いだので私は家業にはノータッチでしたが、商人の家庭に育ったせいか「たとえ1円でもお金は大切」という意識が根底にあるようです。

　社会に出て意外に感じたのは、会社員という人種は案外1円に無頓着だということでした。特に会社員の家庭で育った同僚たちは「1円でも安く仕入れて、1円でも経費を浮かし、1円でも高く売る」という思考回路と行動力に欠けているように思えたのです。

　しかし、少しでもこちらに有利な条件を引き出し、少しでも多くの利益を得ることこそがビジネスの根本。**だからどこかで「1円に苦労し、1円に笑う体験」をしてコスト感覚を養ってほしいのです。**同じ会社員の家庭でも、下宿生活で苦学した人のほうがコスト感覚に優れています。

　週末、奥様の買い物につき合うだけでもコスト感覚が磨かれるはずです。ぜひ「1円の重み」を身体で覚えていってください。

23
利益を生むために必要な口ぐせ

あなたが上司という立場であるなら、良い会社にするために立ち上がらなければならないケースが多々あるはずです。しかし、組織の壁は厚い。足の引っ張り合いは日常茶飯事。また現実問題として、昇進するにしたがって無気力になる人も多いはずです。しかし、利益を生むシステムを作るために、やるときは断固やるべきです！

そんなとき、私は次のような口ぐせをつぶやきます。

- **不人気を覚悟する**
- **ためらわない**
- **ひるまない**
- **誠意を持って、事に当たる**
- **毅然とした態度を貫きとおす**
- **忍耐強く行う**

改革への決断、実行への強い意志、結果への覚悟が必要なのです。同時に明確な改革目標を部下に理解してもらい、達成への明るい見通しを示さなければなりません。

24
お客様からの入金……あなたは御礼のひと言を必ず伝えていますか?

　嘆かわしいことに、大切な入金に、お礼一つ言わないような無頓着な営業マンが増えています。

　これはオンライン決済が普及したことが要因だと私は考えます。ひと昔前は営業マン自身が売掛金の回収に出向くのが普通で、皆が入金の重要性を理解していたし、先方の懐具合もつかむことができたのです。

　ところが、オンライン決済が当たり前になったことや組織の効率化によって販売と売掛金の回収の担当が別という会社が増えたせいで、「仕事は入金の約束を取りつけるまで」と考える営業マンが激増しています。

　そうなると、回収のことを考えずに、売り上げの数字を多くすることに力を入れるようになってしまいます。多少支払いが遅れても、数字を上げれば成績が上がる、という錯覚に陥ってしまいがちになるのです。

　「売り上げというものは現金化して初めて売り上げになる」というビジネスの大原則を忘れないでください。

25
ビジネスの極意は、相手の支払い能力の見極めにある

　あなたは営業というのは取引先に商品を売り込み、請求書を送ったらそれで終わりと考えてはいませんか？

　実はこのタイプほど、会社にとって危険な営業マンはいないのです。

　理由は、相手の支払い能力についてノーケアだから。しかし順調なときは、この問題は顕在化しません。

　でも、これが怖い！

　不景気のときには、支払いのちょっとした遅れや貸し倒れなど、あなた自身の失点に直結する落とし穴が待っているからです。

　私は昔からお客様を支払い能力によって5段階に分類していました。支払いが1カ月でも遅れたところは現金着払いでないと商品を渡さない、などといったことは日常茶飯でした。**常に取引先の支払い実績に注意を払い、そしてそれに沿った対応をすることが肝要なのです。**お金のないところから、どう回収するのかがビジネスでは一番難しい仕事なのですから……。

26
調査を駆使して、自社を優位に導く戦略を切り開く!

いつの時代でも経営環境の変化は起こります。

競争に打ち勝つ戦略力を向上させるには、自社の戦略家たちが市場調査の知識を高めることが必須条件です。

といっても、それは必ずしも調査の専門家を育てるということではありません。調査を活用して課題を発見して「自社に有利な視点を見つけ出す」戦略家を育てるということです。

私がこれまで顧客先で指導してきたのは、戦略的な観点から企業業績の変動を探り、生きる戦略力の強化につなげる、以下の5つです。

1. 戦略担当者は、何を知りたいのかの「調査提案書」がしっかり書ける
2. 調査の結果が何を意味しているのかが読める
3. 調査結果を行動に結び付けることができる
4. 顧客の真の欲求を見極めることができる
5. 収益力の種は現場にあることを忘れない

27 「最小の投資で最大の効果」は間違い。その理由は?

　市場競争が激化すると、企業はいかにコストをカットするかの競争になってきます。もちろん収益を確保するためにはコスト削減は必要不可欠。

　しかし、コストを削減した結果、売り上げや利益が下がってしまったという企業も珍しくありません。接待を禁止したせいで大口の取引先を失う、人件費削減のためにリストラしてその分をアルバイトで埋めようとしたら、彼らの能力があまりに低くて現場が混乱したなど、本末転倒のコスト削減は枚挙にいとまがありません。

　実は、真にコストパフォーマンスを求めるということは、「最小の投資で最大の利益を得る」では不正解。**「最大の利益を得るために、必要な投資を最大限に行う」**というところから考えるべきだと、私は思います。

　企業がまず考えるべきは、「初めにコスト削減」ではなく「初めに利益ありき」ということ。私は細かいコスト削減も徹底的に行いましたが、同時に問屋筋の皆様をハワイ旅行にご招待するなど、業界中が驚くような大胆な投資も行ってきたのです。

28
コスト削減アタマでは、なぜ利益が得られないか?

　なぜ「最小の投資で最大の効果」を狙うことがダメなのか、突き詰めて考えてみましょう。

　あなたが営業マンだったとします。コスト削減を第1に考えるなら、一切飛び込み営業などせずに、お得意様ばかりをルート営業すればいいわけです。交通費も労力もかからないですし、残業も減るので余計なコストは削減できます。しかしラクをした分、当然、営業成績は下がります。

　次に「最大の利益を得るために、必要な最大投資を行う」というスタンスの営業を想定してみましょう。まずルート営業の成績をほとんど落とさずに、時間を作るために何ができるかを考えます。毎日回っていた訪問を1日おきにする、電話ですむことは電話ですます、受注システムを簡略化するなどして効率化を進めます。そして空いた時間を新規開拓に充てるのです。

　コスト削減という言葉の怖いところは、手抜きを誘発する点。「何もしないほうがマシ」という発想は、経営者にとっても社員にとっても命取りになります。

29
コストを削減して、収益力を高める2つのキーワード

　私が50億円の赤字を抱えていたニコン・エシロールで実行したコスト削減の手法は**「総量規制」**と**「ゼロベース予算管理」**です。

「総量規制」とは、項目の量を問わず、総量を上回らないように規制することで、製造費の削減に効果的です。人間は不思議なもので「30日間、ランチは毎日500円」と決められるより、「1万5000円でやりくりしなさい」と言われたほうが気持ちがラクになり、工夫する楽しみを感じます。つまり、現場の裁量に任せるほうが高いモチベーションを維持できるのです。

「ゼロベース予算管理」とはカーター元米大統領が考案した手法で、予算案を前年ベースで考えるのをやめて、1から各部門に予算を割り当てることです。年末の駆け込み工事のような予算確保のためだけのムダ使いが減るだけでなく、必要なものにはきちんと予算をつけるわけですから売り上げに影響を及ぼしません。

　ニコン・エシロールではこの2つの方法で製造部門は20％、営業・一般部門で30％のコストを削減しました。

30
「能力×時間」の考え方が、できる人になるための条件

　社長時代の私はよくオフィスの中を歩き回っては、仕事のできる人の共通項を研究していました。そこには多くの要素があります。

　その1つとして、**できる人は「時間の使い方」がうまい**。学生時代の勉強でもそうでしょうが、集中力が違うのです。

　私が尊敬する元トリンプインターナショナル・ジャパン社長の吉越浩一郎さんは19年連続で会社を増収増益にされた方ですが、彼が社内で実行した「がんばるタイム」という方式には驚かされました。これは午後の2時間を誰とも話さず電話にも出ずに集中して仕事を終わらせるシステムで、これでトリンプは残業を一切なくしました。しかも今まで1時間かかっていた仕事を15分で終わらせることができたというのです。その効率効果はなんと4倍！

　吉越さんが強調するように、「能力×時間」の考え方こそができる人、利益を生み出す人になるための条件だと思います。

31
商売繁盛で大切なのは、顧客名簿より同業者名簿!?

　行きつけのバーのマスターから、こんな面白い話を聞きました。「バーでは顧客名簿より、同業者の名簿のほうがよっぽど大事なんです」。
　一般の会社では同業者の動向は気になるにしろ、積極的な同業他社とのつき合いは避けるのが普通でしょう。
　ところが、バーなどの飲食業では、同業者と広くつき合っている店のほうが繁盛するとか。仕入れ先の情報や新メニューの相談、経営のちょっとしたコツや従業員の補充の際に声をかけるなど、経営にオープンな店のほうが売り上げを伸ばすそうです。店長がお互いの店に、客として行き来することが意外に商売繁盛につながるのですね。
　広く同業者とつき合うことで、日々の努力として自分の店に何が足りないかを肌で感じることができます。お客様の気持ちを知ることと同時に、自分に何が足りないかを知ることも、「利益を出す」ためには重要なのです。

第3章
若いときは失敗を恐れず、仕事の基礎を身につける

新人のときに私は、仕事人として誓ったことがあります。それは「絶対に負け犬だけにはならない」というものです。だから、常に独立心を持って仕事に突き進みました。いざというときに頼れるのは、自分だけだからです！ たしかに不況が続くと、どうしても失敗を恐れがちでしょう。会社が危ない、自分も危ない……。でも、そんなときは後ろを振り返ってはいけません。失敗を恐れず仕事の基本を身につけ、正攻法で突き進んでください！

32
20代のときに身につけてほしい「我慢の大切さ」

　昨今、「働き方改革」が注目されていますが、「長時間働くことは悪」「自分に合った仕事をすべき」などと誤解している若者が多いように感じます。しかし、抜きん出た結果を出すには努力が必要不可欠ですし、そもそも自分にぴったり合う仕事など存在しません。

　以前、入社3年目だった若手の部下から聞いた話です。彼が学生時代、大学のサッカー部のキャプテンに「先輩のように何キロもバテないで走れるようになるには、どうすればいいですか？」と質問しました。

　そのとき、先輩はたったひと言、**「何事も我慢でしかないよ」**と答えたそうです。

　そんな彼は若い年代には珍しく、休日出勤も厭わずにがむしゃらに働く男でした。彼のこの頑張りの原点は、先輩から教えられた「我慢強さ」にあったのでしょう。予想どおり、彼はその後、最年少で部長になりました。

　若いうちからスキルを磨くことも大切ですが、まずは「我慢強さ」を身につけてほしいと思ったエピソードです。

33
仕事へのモチベーションを高めるために考えたいこと

　20代の若手社員に「何のために働くのですか？」という質問をしたとき、生活のため、お金のため、家族や恋人のため、将来のため、そして趣味のため……などの答えが多かったと記憶しています。

　これはある程度、予想していた回答でもあるのですが、私としては、「仕事の面白さの追求」とか、「やり甲斐のため」という答えを期待していたのです。

　そうです！　どんな仕事、どのような部署でも、そこで面白さを発見し、ワクワクしながら働かなくては、成長もないのではないでしょうか？

　私がある再生企業の社長をしていたとき、営業で頑張っていた課長を、倉庫の商品管理部へ異動させたことがありました。本人も最初はムッとしていましたし、周りには左遷かと思われたようですが、彼は棚卸の効率化業務に楽しみを見出し、業績に貢献。部署の花形になりました。この例を見ても、**成功する人というのは「仕事の中に面白みを発見できる人」**なのです。彼は今、本部長にまで上りつめ、将来が期待されています。

34
自分を黒字化して
アタマ1つ、抜け出そう!

　結果が出ない。上司や仕事に恵まれない。給料が安い。ボーナスも目減りして、年収も下がりっぱなし……。自分の人生がマイナス続きの赤字だからといって、そんな現状を、世の中や景気、会社のせいにする人がいます。

　たとえそれが周りのせいで、いまは自分の人生が赤字だったとしても、やるべきことを愚直にやり続けて、自分の人生を黒字化しましょう。そのために意識したい7つの項目をお教えします。これらは、私が毎年手帳に書いて、常に確認してきたことです。

1. すべての仕事は「やるかやらないか」で決まる
2. 働くことが好きな人が最後まで生き残る
3. 不器用でいいから、誠実に働く
4. 反省があるから、前進もある
5. 解決策はどこにあるのか、夢中で探す人になる
6. 何かワザを持て。一芸に秀でる人が泳ぎ切る
7. 「必ず生き残る!」という執念を持つ

35
負の連鎖を断ち切る一番のクスリは成功体験！

　私がニコン・エシロールの再生に成功した頃、同じビルで働いていた赤字に苦しむ子会社の社員たちは廊下の端を歩いていました。ニコン・エシロールの社員は黒字転換して「自分たちもやればできる」という自信をつけたのに対し、子会社の社員は「やってもムダ」と思い込んでいたわけです。

　負の連鎖を断ち切る一番のクスリは「成功体験」です。

　しかし、このご時世ではほんの小さな成功もなかなかつかめない。そういうときには思い切って成功している人や業績の良い会社のマネをしてみることです。廊下の端を歩くのをやめて、大きな声で話してみる。それだけで意外と前向きな気持ちになれるものです。

　とりあえず気分を変えれば、仕事への取り組み方も変わり、良い結果が出てくるものです。

　努力しても結果が出ない——そんなときこそ根拠のない自信でもいいから、堂々とした振る舞いを心がける。それが事態好転の鍵になるのです。

36
私が再生会社で実践してきた10の考え方

　赤字会社の再生するとき、社員に向けて私が口を酸っぱくして言い続けた考え方があります。

1. 逃げるな。真っ向から勝負せよ！
2. 常に全身全霊で事に当たれ！
3. 失敗の原因はとことん探れ！
4. 一流と二流の差は、小事を見逃さない眼力だ！
5. 決して失敗を恐れるな！
6. ミスを肥やしにできる胆力を持て！
7. 負けて終わるな。勝つまで戦え！
8. 考え続けろ！
9. 深く考えろ！
10. 生きるために、自分に厳しくなれ！

　これらは、赤字会社を再生するときだけでなく、「生きる」うえで必要な考え方とも言えます。私が子どものときには当たり前のように教わっていたことです。
　若い皆さんはぜひ身につけてください。

37
ストレスを溜めないためには、細かいことほど気を使う

　毎日のストレスの原因は、ずばり「心配事」の多さとその深さです。たとえば、こんなこと——。
「あの書類、見直さずに提出しちゃったけど、漏れはないだろうな？」「明日のアポイント、昼に1本電話を入れて、確認を取っておいたほうがよかったかな？」「今日、入金日だったけど、あの取引先、ちゃんと振り込んでくれたかな？」
　忙しさを言い訳にして、中途半端に仕事をしている人ほど、こういう小さな「大丈夫かな？」が積み重なり、次第に大きなストレスになっていくのです。
　ですから、**ストレス解消の特効薬は、愚直なまでにきちんと細かく仕事をすることに尽きるのです。**
　仕事ぶりを改めずに過ごしていると、おそらく取り返しのつかないほど大きなミスをしてしまうでしょう。ストレスに悩まされるのは潜在意識で、「このままではどこかで失敗をするかも」という不安を感じているから。その不安こそ、あなたへの「危険サイン」なのです。

38
折れないハートを作る6つの魔法の言葉

会社に何かを期待するのではなく、

1．自分はいかなる行動を取るかを常に考えよ！
2．努力した後は、自然に任せるしかない！
3．ダメで元々。当たって砕けろ！
4．夢さえ持っていれば、明日はある！
5．内側から輝け！　外側は後回しでいい
6．ありのままの自分で勝負しろ！

と、つらいときでも、すぐに誰かに頼るのではなく、まずはこの6つの言葉を意識してください。
とにかく依存心を捨てて、自分の足で歩むことです！

39
修羅場に強い ハートを手に入れる

　私のビジネスは、倒産しかけている会社を再生させるという、かなりエネルギーのいる仕事です。経営陣を前にしてそれまでのやり方の欠点を指摘したり、社員たちにハッパをかけて根底からその働き方を変えてもらったり。これは周囲に敵を作ることにもなりかねない作業なので、プレッシャーも並大抵ではありません。

　なぜ私がプレッシャーに押しつぶされないかというと、修羅場を乗り越えることによって自分が強くなってきたという実感があるからです。

　これはスポーツクラブのインストラクターから聞いた話ですが、筋肉というものは運動後、必ずその一部が切れるのだそうです。そして切れている筋肉を修復する際、少しだけ今より余計に強くなる。ボディビルダーの見事な筋肉も、少しずつ筋肉を傷めて作り上げているわけです。

　ダメージがかかった分、必ず強くなるのは精神力も筋肉も同じだと思います。恐れず立ち向かえば、きっと修羅場に強いハートが手に入ります！

40
「なるようにしかならない」と シンプルに考える

　まだ私が30代半ばのときのこと。大手外資系でプロダクトマネジャーをしていたのですが、どうにも企画に行き詰まってしまいました。目の前の仕事に取り組むことより、結果を出すことにとらわれていたのでしょう。

　それでかなり強烈なストレスがかかって、一時、60キロあった体重が45キロまで減るくらい悩みました。そして、その後の２年間はずっと睡眠薬を飲まないと眠れないような身体になってしまったのです。最終的には出社拒否症のような状態になりました。

　でもある日突然、こんなことやっていてもしょうがないと、仕事のことも複雑に考えるのは金輪際、止めようと、逆にもっとシンプルに考えようと意識を変えました。
言ってみれば、「もう、なるようにしかならない」と覚悟を決めたのです。まさに「ケ・セラ・セラ」です。

　そこで開き直って生きようと決めたら、とんとん拍子に仕事もうまくいくようになりました。ですから、つらいときこそ結果を気にせず、シンプルに考えることが大切だと言えます。

41
失敗から学べる人は偉大である

　転職者の面接をするとき、私が初めに重視するのは「成功体験があるかどうか」です。しかし、2つ目の採用基準は「失敗体験があるかどうか」。可もなく不可もない人はまず採用しません。

　昔のホンダには「失敗表彰」という制度があったそうです。最もすごい失敗をした人には賞金が贈られたというくらいです。これは決してジョークではありません。

　なぜ、そんな制度があったか？

　私は2つの理由があると思います。1つは失敗を恐れずにチャレンジする人材を育てるため。もう1つは、そのやり方ではうまくいかないという証明を得ること。つまり、**「1度した失敗は2度としないですむ」**というわけです。

　私が失敗経験のある人を評価するのはまさにこの2点。失敗しないように日々過ごしている人に大事な仕事を任せるくらいなら、失敗で痛い思いをした人にやらせるほうが、はるかに安心だからです。

42
反省があるから前進もある

　私がまだ20代の頃、ちょうど10歳上の先輩に、社内で切れ者といわれる、最年少課長のSさんがいました。私は何かとSさんに近づこうと試み、念願がかなって一緒に食事をすることに。
　そのとき、Sさんにこう言われたのです。

　「長谷川君は毎日、仕事が終わった後に1日の反省をしていますか？　1日を振り返って、良いことも悪いこともすべてを思い出して反省するからこそ、良い明日が来る。反省があるから前進もあるんだ」

　そして右ページに書き出した8つの反省チェックリストを教わりました。
　その日から私はこの「1日の反省」を習慣化し、そのおかげで仕事の質とスピードが2倍になったのです。

1．今日、学んだことはどんなことか？
2．今日はどんなアイデアを思いついたか？
3．今日の仕事での邪魔は何か。その原因は？
4．今日、目標達成のために、どの程度、前進したか？
5．同僚や部下が今日の自分を評価したら、何点になるか？
6．今日はどんなムード、気持ちで過ごせたか？
7．嬉しかったこと、悲しかったことは何か？
8．今日の体調は？　悪ければ原因は何か？

いかがですか？
今日からあなたも実践してみてください。

43
負けを認めて すぐに再挑戦せよ！

　現代の企業は、甲子園での高校野球のようなトーナメント戦をくり広げています。プロ野球やＪリーグなどのように「今日は負けたけれど、明日勝てば３位キープだ」などと悠長なことは言っていられません。負けた瞬間、ゼロになってしまう。そして１つのイスを残しすべては敗者となるのです。

　このような状況では、あなた自身も不本意ながら、負け組に振り分けられてしまう危険性が多々あります。

　そんなとき、「自分は運が悪かっただけだ。時間が経てば風向きも変わるだろう」と事態の好転を待ち望んでいるのは大ケガのもと。坂で転んだとき、重力に身を任せているようなものです。ブレーキをかけないと、いつまでも下り坂を転げ落ちていくことになってしまいます。

　もし、下り坂にいると感じたら一刻も早くその流れを止めること。落ちれば落ちるほどやる気が失せてくるし、頂上が遠くなってしまいます。登るのがつらくならないうちに、もう一度頂上を目指して動き出すのです。

44
「ネバー・ギブアップ！」諦める前にこの言葉を3度言え！！

「2000社以上の赤字会社を再生した」といっても、数十万円の赤字から、数十億円の膨大な負債を抱える会社までさまざまですが、会社の舵取りを任されている経営者はみな、「赤字は悪だ！」と思い悩んでいるものです。

しかし、自分の持てるすべての力をつぎ込んでも万策尽きることがあります。ただし、そこで諦めたら、今までの苦労は水の泡なのです。

私は、そんな悩みを抱えた社長たちを、たとえ真夜中でも捕まえては、「Never give up! Never give up! Never give up!」と、大きな声で3度励ましました。

相手が私の声で目を覚まし、赤字という大敵に立ち向かう強い心を持てるまで勇気づけたのです。**心が折れて途中で投げ出さないためには「ネバー・ギブアップ！」と、自分に気合いを入れる強い気持ちを持つしか方法はないのです。**

今の世の中は大変な時代ですが、この「ネバー・ギブアップ！」の精神で突破していってください。

45
コケそうになるのを
こらえるから速く走れる！

　これは世界陸上の400メートルハードルで銅メダルを獲得した為末大さんが、速く走るコツを説明した言葉です。思い切って前のめりの姿勢を取ったとき、転ばないようにするには、必死で脚を動かし、バランスを取るしか道はないというわけです。

　これは、仕事をする心構えにも通じるのではないでしょうか？

　失敗を恐れずに、グッと重心を前に取る。つまり、後ろをまったく振り返らずに仕事に取り組んでみる。そうすると、もうゴールだけを見て、大車輪で働くしかないのです。そして、自分が決めている限界点を超えたところに仕事の重心を置いてみる。すると、処理能力がどんどん上がる。これは真実です。

　私が赤字会社の再生をするときも、実は目標を110％達成に設定しています。すると当然、自分の限界を超え、より多くのハードワークが必要となります。しかし、その厳しさがそれまで以上に仕事力を高め、不可能をも可能にしてくれるのです。

46
机が汚い人は、仕事で間違いを起こす

　ビジネス巧者とは、上手にシステムを構築していく人です。奇跡を生み出す力ではなく、一度起きた奇跡を再現し続ける能力が求められるのです。

　たまたま何本かホームランを打てたけれど、それ以外は三振ばかりという選手より、イチロー選手とまではいかなくても、1日おきに確実にヒットを打つ選手が、ビジネスパーソンとしては優秀だと考えています。

　ミスをしない、チャンスを逃さない、成功の可能性を上げる——。イチロー選手もビジネス巧者も、この3点を重視して、自分のシステムを構築しているはずです。こういう思考法をする人のデスクは、例外なくキレイに整頓されています。1枚のメモのありかがわからず、チャンスを逃すこともありません。

　机が汚いというのは、自分の手の及ぶ範囲でさえ、成功を再現し続けるシステムを構築できていない証拠です。たとえそういう人が良い結果を出しても、私は偶然が生んだ奇跡だと確信して、過大な評価をしませんでした。

47
身なりのだらしない人は、それだけで大損している!

「見かけで人を判断するな!」とは、よくいわれることです。

しかし、これは裏を返せば、「人間はいかに見かけで人を判断しているか」ということではないでしょうか。

海外の人気ドラマの刑事コロンボがよれよれのコートを着ている理由は、相手を油断させるためのカムフラージュであり、明快な推理とのギャップを際立たせるためのドラマ上の演出。実際にあんな風体のビジネスパーソンがオフィスに訪れたら、あなただって押し売りか何かだと思って、体よく追い払おうとするでしょう。

つまり、だらしない身なりというのは、相手への配慮が欠けている証拠。ビジネスだって、独りよがりなやり方しかできないことが予想されます。「中身で勝負!」といくら叫んでも、外見相応の評価しかされません。

ビジネスは相手に信用されれば、半分は成功したようなもの。 私の経験から言って、これは真理です。

だから、初対面の第一歩で相手に不安を与えてしまうような要素は、極力排除してください。

48
自分に自信が持てない人は「早起き」しなさい

　朝早く起きるためには、ある程度の意志の強さが必要です。特に学生から社会人になった新人には結構きついことかもしれません。
　私はよく、入社式などで「早起きの効用」について話をしました。それと同時に、「早起きほど簡単な習慣もありません」とお伝えしました。
　考えてみてください。
「毎日10キロ走れ」とか「1日10時間勉強しなさい」と言われるのと比べれば、早起きは大した意志の強さを必要としません。
　早起きは、「いちばんラクにできる毎日の習慣」ではないでしょうか？
　意志の力で自分を律することができると、不思議と自信が湧いてきます。これは「早起きできた」という「成功体験」によるものです。

第4章
偽物でない「プロ」と呼ばれる人になる

あなたは仕事を「自分の頭で考え、それを楽しみ、そして苦労し、その成功体験を積み上げていく人」ですか？ 会社が信頼を置くのは、やはりこういった要素を満たしたプロの仕事人。不況のときほど、絶大な力を発揮するからです。今は、誰かに頼る人間はすぐに居場所を奪われる時代ですから、プロと呼ばれる人は決まって、日々目に見えない努力、工夫、改善を行っています。あなたも依存心を捨てて、会社から重宝されるプロの仕事人を目指してください！

49
「仕事のプロ」は、いざというときに逃げない

　私の55年のビジネス人生で最も大切にしてきたものは**「信用」です。**ただし、信用というものは非常にもろいもので、納期が一度遅れただけで簡単に壊れてしまうケースもあります。そして仕事のアマチュアは、その大切な信用を簡単に壊してしまうのです。

　では、プロフェッショナルはどうするか？

　お金が多少かかってでも、人海戦術を取って納期に間に合わせます。これはプロの歌手が高熱を押してでも約束のステージに立つのと同じ責任感です。

　このような仕事ぶりには痛みが伴いますが、その見返りも大きいのです。もしかしたらクレーム相談も来るかもしれませんが、プロは決して逃げません。すぐに現場に直行して、相手の懐に飛び込みます。

　私のノートにも、「ここで逃げてはだめだ」という言葉が何度も書かれています。

　ひと言で言うなら、「プロの仕事人とは、いざというときに逃げない人だ」と、断言していいでしょう。

50
プロの仕事人になる5つの必要条件、3つの十分条件

　私が部下を抜擢するときの条件は単純です。それは、その人が「プロ」なのか「アマ」なのかという点。私の考えるプロ社員の見極めポイントは基本的に、やる気・専門能力・調整能力・人望・健康の5つ。でも、これだけでは、まだプロの候補生にしか過ぎません。

　5つの能力を満たし、そのうえで、①自分で考え、仕事を楽しんでやる人であること、②苦労の経験を積んでいる人、そしてなおかつ、③成功体験を積み重ねる努力をしている人であることを求めます。

　特に私が信頼を置く人材というのは、③の「成功体験を積み重ねる努力をしている人」です。

　成功するためには、常に①〜②の能力を引き上げる必要があります。

　そして、その過程では必ず壁にぶつかるはずですが、それを突き破るには楽しみながら仕事に取り組まなくては続きません。そうすれば自然とすべての必要・十分条件をクリアできるのです。

51
本物のプロとは、エラーをしない人

「プロフェッショナル」というと、何だか人間ワザでは想像もつかないような華々しいファインプレーを連発する人物をイメージするかもしれません。

しかし本当のプロとは、エラーをしない人のことです。

もともと私は、仕事というものは95％が表面に表れない努力で、あとの5％が結果として目に見えてくるものと考えています。ですから華々しい結果があるからといって抜擢せず、仕事をきちんとこなしているかどうかを注意深く見て昇進を決めてきました。結果主義ではなく能力主義であるよう心がけました。

社員というのは、計算できる安定感があって初めて仕事を任せられるのです。

そのような理由から、プロになるためには何より「取りこぼさないこと」が重要だと思います。

そして取りこぼさない仕事をするために大事なのは1にも2にも「基本」です。一発長打を狙うより、確実なヒットを積み重ねる。そんな人材こそ、上に立つ者の目には頼もしく映るものなのです。

52
プラス思考は、強い意識がなければ身につかない

　ある大学の心理学の授業で、学生たちに思いつくだけの「プラスの言葉、マイナスの言葉」を対比で書かせたそうです。たとえば「彼は頭が良い、彼は無能だ」「彼はスマートだ、彼はデブだ」「先生の言い方はきついがためになる、先生の言い方はきつくてトゲがある」という風に。すると、マイナスの表現のほうが多く出てきたというのです。

　これは何を意味するのでしょうか？

　先生が言うには、普段から世の中をマイナスの感情で見ている人が多いということです。

　よく「プラス思考が大切だ」といわれます。仕事も一緒で、上司は部下の発言から、その辺りを見極めています。

　上の例は大学生のケースでしたが、彼らのマイナス思考が社会人になって、すぐにプラス思考に変わるとは考えられません。**プラス思考というのは、あえて意識して持とうと思わなければ身につかない思考だからです。**

53
仕事のプロは、強い思い・高い志を持って努力する

　マラソン、中距離競技の指導者である小出義雄さんは私の少年時代からの友人です。

　マラソン競技でオリンピック金メダリストとなった有森裕子さんや高橋尚子さんは、小出さんが育て上げた選手です。2人とも小出さんがスカウトした選手ではなく、自分から小出さんの門を叩いた人たちでした。

　しかも、2人とも当初は実績がなく、チームの中でも決して抜きんでた存在ではありませんでした。

　そんな2人が、やがてオリンピックメダリストへと成長した理由は、2人の「志の高さ」ではなかったかと、小出さんに教えてもらいました。

　たとえば有森選手は、まだ頭角を現さずに他の選手の後を走っていたようなときでさえも、「私をオリンピックに連れて行ってください。オリンピックで走るためなら、どんな練習にも耐えます。他の人が1時間するなら、2時間頑張れます」と訴えていたそうです。

この並はずれた思いの強さ、志の高さが、夢を実現させるか否かに大きく関わっています。
　同じように、ビジネスの世界で勝ち残り、夢を実現させているのも、「思いの強い、志の高い」人たちです。
　こんな仕事をしたい、業界に新風を起こしたいなど、若いときに抱いた夢を愚直に持ち続け、その実現のために努力や工夫をしてきた人が、勝ち残れるのです。

　社会に出てすぐに自分のやりたい仕事をやれる人はいません。
　このため、大半の人は、夢とはあまりに隔たった現実を前にして、それを簡単に捨ててしまいがちです。才能や能力に恵まれているにもかかわらず、社会人になって、夢を持ち続けることは青臭いことと考えてしまう。夢を捨て、日々の仕事に没頭することこそが、正しいと考えてしまうのです。
　しかし、本当のプロとは、夢からはるか遠いところにいても、日々のルーティンをきっちりとこなしながら夢を持ち続け、その実現のために努力を必死で続ける人たちです。
　「どうしても私はこうなりたい」という強い志があると、いつかはそれを実現させられる力が人間にはあるのです。

54
徹底的にプロセスにこだわれば、本当の実力が見えてくる

　ビジネスの運・不運は、目に見える形で訪れるとは限りません。むしろ、本人には気づかないような、些細な要因が左右しているケースがほとんどです。

　これは私が経験したことですが、応援している野球チームが勝って機嫌の良い人が、大量の注文を出してくれたり。逆に、取引先の担当者が急用でたまたま席を外していたなどといったことで、トラブルが拡大したり……。

　だからこそビジネスパーソンは、結果にこだわる以上に、プロセスにもこだわるべきです。**プロセスに注意していないと、「良い結果が出ているのは、自分の実力」と過信してしまいがちだからです。**

　プロゴルファーは、完璧に打ったと思ったパットが入らなかったとき、「パットはクレージーなものだ」と気持ちを切り替えるといいます。そういう切り替えは、常に自分のフォームに神経をとがらせ、正しいプロセスを意識しているからできること。大事なのはスコアではなく、あくまでも基本に忠実なフォームなのです。

55
好調なときこそ、不振の芽が生まれていると思え

　2000社以上の赤字会社を見ていると、実は好調なときに不振の芽が生まれていることに気づきます。ヒット商品があり、財務状態も良い――こんなときがいちばん危ないのです。経営陣が我欲に走ったり、各部署が手柄を主張したりして社内がぎくしゃくする。社員同士のいざこざや足の引っ張り合い。そのうえ、利益が出ていることによる危機感のなさなのか、始業時間や残業などがルーズになるなど、これでは次なるヒット商品が生み出せません。

　ですから、リーダーは会社がうまく回っているときほど、組織の中を注意深く観察すべきなのです。

　社内風紀の引き締め、次なる商品の開発、場合によっては思い切った人事異動で組織を改編する必要もあるでしょう。

　宝くじに当たると、途端に不幸になるという話を聞いたことがあります。それもこれも、人間、ラクをしてお金が手に入るようになると、欲に駆られてモラルが低下するからです。

56
判断は緻密に！決断は迅速に！

　20代から40年間、グローバル企業である外資の会社を渡り歩いてきた私の持論ですが、**日本社会の大きな欠点は、「判断」と「決断」を混同しているところではないでしょうか。**

　この2つを明確に区別するだけで、ビジネスは格段に、スピーディかつ効率よく進みます。

　英語では、ジャッジメント（判断）とデシジョン（決断）に明確に区別されています。ジャッジメントとは情報を十分に検討して、正しい答えを導き出すこと。デシジョンは検討の結果を踏まえて、どの道を選ぶかを決めることです。

　欧米のビジネスパーソンの戦略が論理的で緻密なのは、この2段階構造が文化に根付いているからだと思うのです。国際化社会の真っ只中にいると、ますますそう感じます。

　一方、日本の場合はどうでしょうか？

　たいていの日本人は日常において、「決断」という言葉自体、あまり使わないのが現状です。これは、日本の

ビジネスパーソンがデシジョンを意味する概念自体を持ち合わせていない証拠なのです。

　そのせいで、日本社会では判断に時間をかけずに、決断で迷ってしまう、というケースがかなり頻繁に起こります。日本の会社の会議が長時間に及ぶのは、この典型的な例です。

　理由は、決断できるような緻密な判断が揃わないうちに、決断しようとするからです。

　そのうえ、判断が貧弱なままで決断を下すわけですから、その決断が正解にならない確率も高くなります。「船頭多くして船山に上る」とよく言いますが、この言葉と同じことが日本人一人ひとりの心の中でも起こっているわけです。

　私は、決断するときは、たとえ１分間でも時間のかけ過ぎだと考えています。決断に時間がかかるようなら、判断が間違っているか、不十分である証拠です。

　だからこそ判断は、緻密であるべきだと、自らを律しています。

57
ライバルの計画・実行がブレたときこそ王道を歩け！

　ニコン・エシロールの建て直しをしていたときのこと。当時、眼鏡業界では極端な値引き合戦がありました。特に業界1位のA社がこの競争に参入し、値引きを始めたという情報に、重役以下社員全員が青い顔をしていました。

　しかし、そのとき私は内心、「しめた！」と思っていたのです。

　社員たちの反対を押し切り、私はあえて高付加価値、高価格の商品を市場に投入したところ、その商品は大ヒットし、業績を一気に回復させました。他社も含めて周囲の目は、私の奇策が当たったと見たことでしょう。

　しかし、実は私は商売の王道を歩んだだけなのです。**高価格商品は利益率が高く、安価な商品と同じ売り上げでも利益が大きい。**

　この原則を忘れ、安売り合戦をすることのほうこそ、私から見れば奇策なのです。

58
営業上手が特別サービスを受ける理由とは?

　私と食事をしたことがある人はみな、私が不思議と店の人から、何かとサービスされることに驚きます。私の行きつけの店ならともかく、初めて入った店でも店員のほうから「これはお店からです」と料理やワインを特別サービスしてもらえることがあるのですから、驚かれるのも当然かもしれません。

　ただ、私はそこで何も変わったことをしているわけではありません。たった1つ、何かお願いするときに「店員さんの名前を呼ぶ」ということ以外は……。

　人間というものは、ただお互いの名前を呼び合うということだけで「店と客」という関係から、もう一歩親密な関係になれるものです。

　この話は決して自慢するつもりでしたわけではありません。**成果の上がらない営業マンほど顧客を「お客様」としか呼ばず、名前を覚えようという努力すら怠っているケースが多いからです。**上っ面の関係でモノが売れるほど、世間は甘くはないのです。

59
人間のニーズには10種類ある

　以下はジョンソン時代の同僚で経営学博士の梅澤伸嘉さんによる分類。これは私の仕事の種明かしですが、この10の考えのもとに、私は商品開発や販売戦略など、マーケティングの仕事を優位に進めてきました。

1. 豊かさニーズ（心豊かな人生を送りたい）
2. 尊敬ニーズ（認められる人生を送りたい）
3. 自己向上ニーズ（自分を高める人生を送りたい）
4. 愛情ニーズ（愛されて生きる人生を送りたい）
5. 健康ニーズ（元気な人生を送りたい）
6. 個性ニーズ（自分らしい人生を送りたい）
7. 楽しみニーズ（楽しく、ラクな人生を送りたい）
8. 感動ニーズ（心ときめかせる人生を送りたい）
9. 快適ニーズ（快適な人生を送りたい）
10. 交心ニーズ（仲良く、心温まる人生を送りたい）

　以上のような人間の持つニーズをうまくつかんで仕事に生かしましょう！

第4章　偽物でない「プロ」と呼ばれる人になる

60
できる銀座のホステスの ねだり方こそ、依頼の見本

　お客様のハートをつかむのが上手な銀座のホステスと成績の上がらないホステスの差は「営業の電話をかける時間帯にある」という話を聞いたことがあります。

　できないホステスほど、相手が忙しい午後の時間帯にかけるのだそうです。昼夜が逆転したホステスにとって、出勤前の時間に営業の電話をかけるのは具合が良い。しかし、自分の都合の良いタイミングで頼み事をしても、相手には「この忙しい時間に」とネガティブな感情しか与えないので逆効果なのだとか。

　反対に、できるホステスは少し早起きをして、昼休みに電話をかけるのだそう。「よし、今日の午後は頑張って飲みに繰り出すか」と仕事のモチベーションも上がるのですから、その差は歴然です。

　メールやSNSが普及したせいか、はたまた核家族化が進んだせいか、相手の都合を考えずに頼み事をする人が年々増えているという実感があります。「どうも上司が自分のために動いてくれない」と思っている人は、まずタイミングを考えてみてはいかがでしょうか？

61
相手の目を見て話すほど、営業はうまくいかない

　よく「人と話すときは目を見て話せ」と言われますが、日本のビジネスシーン、特に営業に関して私は、この言葉を信じません。実は日本人にとってじっと目を見つめられることは苦痛だからです。下手をすると「あの人と話していると、なぜか疲れる」と、相手にネガティブな印象さえ植えつけかねません。

　とはいえ、そっぽを向いていたり、うつむいて話していたら真剣さが足りないとか、自信がなさそうと思われてしまう。ですから、**私は基本的に、相手の鼻の下、いわゆる「人中」といわれる部分に視線を合わせ、ポイントポイントで目を合わせるくらいにしています。**

　社内でも基本的にはこのスタンスで通していました。ただし、部下を強く叱るときには眼光鋭く、視線を相手の目に向ける。そして、あとでその部下から「あのときは身が縮まる思いでした」と言われるくらいの迫力を出すことを心がけました。それくらい人間の視線というものは強烈なパワーを秘めていますから、使いどころには細心の注意が必要なのです。

62
お客様が声にしない不満を察知できる人は優秀な人

　都内のある有名レストランの店主に聞いた話です。彼は40代そこそこで5店舗を構えるまでになりましたが、その成功の理由がわかりました。
　彼はとにかく暇さえあれば、お客様の意見、それもお客様が声にされないクレームに耳を傾けているのです。
　私がある日、体調が悪くて、メインの魚料理を半分ほど残したときのこと。
　会計時に彼が、「長谷川様。今日のヒラメ料理、どこか問題がありましたか？　なぜ、お残しになられたのか知りたいのです」と食い下がるのです。
　私はたんなる体調不良だと答えましたが、他のお客さんにも彼は根掘り葉掘りと質問し、最高の料理とサービスを提供しようと常に努力しているようです。
　お客様はすべての不満を口にするわけではありません。少しの不満なら、心の中にしまってしまうもの。
　しかし、ここが問題で、その目に見えない不満に対処することが長く愛されるコツでもあるからです。

63
お客様はお店で買う気を発して待っている!

　努力次第で、普段の売り上げを20%アップさせる方法があります。私があるカメラチェーンの販売戦略を任されたときのこと。10店舗のうち、一番業績の悪い店の店頭で2時間ほど、お客様を観察していました。

　来店したお客様は総計18人。ですが、そこで売れたのは2万円そこそこのデジタルカメラが1台だけでした。

　そこで私は販売員に、以下の5つのポイントを伝授したところ、同じ2時間で5台のカメラが売れました。その秘密をここに書きます。

1．お客様の目の動きを見て、購買意欲を知ろう
2．こちらから声をかけ、キッカケを作ろう
3．お客様の欲しいものを一緒になって探そう
4．お客様の決断に親身に対応しよう
5．お買い上げで「得した気持ち」にさせよう

　以上、そんなに難しいことではありません。恋人にプレゼントを探す気持ちになればいいのです。

64
出社と同時に100%で仕事に向かうのが真のプロフェッショナル

　私は朝、会社に出社してから新聞を読んだ経験はありません。なぜなら仕事に必要な情報は、自宅のある神奈川の大磯から東京までの約1時間で仕入れたからです。この本のもととなった「OYATTO NOTE」の3割は、通勤時間に書かれたものです。

　私に言わせれば、会社に到着してから、「さて、今日は何から手をつけようかな？」と考えている人は、完全にアマチュアです。その日1日の仕事の概要くらいは、通勤時にイメージしておくのが、仕事人としての最低の義務ではないでしょうか。

　戦場に赴くのに銃や地図を持たない兵士は、生存の可能性が低いのと同様、職場に最新の情報とスケジュールを持ち込まないビジネスパーソンの生存率は、限りなく低いと言えます。

　「デスクについたとたんに臨戦態勢！」——私が、肩書きが上になるたびに肝に銘じてきた言葉です。席でのんびりしている5分というアイドルタイムが会社に与える損失は、昇進とともに大きくなっていくからです。

65
レスポンスは とにかく早くする習慣を

　スピードは、今日のビジネスにおいて、最重要キーワードの1つといえます。このことは、日頃のコミュニケーションにおいても同様です。
　次のようなメールが親しくしている取引先から朝イチであった場合、あなたならどうしますか？

「おたくのA製品を午後の会議で検討したいんだけど、いくらぐらい負かるものかな？」

　答えは簡単。即座に値引きの判断ができる上司に相談して「○％までなら、お値引きすることができます」と返事すればいいのです。上司が外出していれば、いかなる方法で探し出してでも、即答するのです。
　出先の交渉で受けた質問も、可能な範囲内で答えます。「戻ってから、あらためて連絡します」では遅いのです。「値引きの件ですが、○％までは確実にお受けできます。もっとお引きできると思いますが、これ以上はいったん社に戻ってから連絡させてください」と答えておけば、

第4章　偽物でない「プロ」と呼ばれる人になる

先方にある程度の予定が立ちます。

返答は、必ずしも正確を期する必要はありません。質問する人は、とりあえず何かしらの情報を欲しているということを理解してください。

一方、とりあえずという返信でお茶を濁している人が多いのではないでしょうか？

よく次のような例が見受けられます。

社に戻ってみると、以下のようなメールが取引先から届いていました。

「A社の業績の情報を、何かお持ちではないでしょうか？」

これは、一見通常の仕事とは異なる内容の文面です。

しかし、あえてこのようなことを聞いてくるということは、何か切羽詰まった事情があるに違いありません。

ですから、プロの仕事の実力者は、次のように答えるはずです。

「情報はいつまでに必要ですか。やれる範囲で調べてみます。私が知る限りでは、業績はあまりよくないと聞いています」と。

第5章
人工知能に負けない
企画力・発想力を育てる

人工知能やロボットは、今後さらに人間が働く領域をカバーしてくるでしょう。そんなとき、人間ならではの力を生かせるのは想像力を駆使した業務。さて、あなたは「ただの思いつき」を「企画」に変えることはできるでしょうか？ さらに、その企画はニーズをとらえ、利益が出るものになっているでしょうか？ これからの時代、自分一人で利益が出る企画を作る力が誰にとっても求められるはずです。「自分は向いてない」と思う人も、ぜひ身につけてください！

66
PDCAの前にやるべき重要な作業

「PDCA」という言葉が、ビジネスシーンでも一般的に使われるようになりました。PDCAとは、Plan（計画）→ Do（実行）→ Check（評価）→ Act（改善）の略で、事業活動における生産管理や品質管理などを円滑に進める手法です。

しかし、大半の会社では十分に活用できているとは言えません。PDCAが会社を効果的に操縦する手法であることは間違いないのですが、本当の意味でPDCAを理解し、かつ効果的に活用できている会社はほぼないのです。

本来ならば、PDCAを回す前に情報を収集・分析し、真の経営課題は何か把握する必要があります。**根本的な問題・課題を見抜かず、計画を作って行動してもPDCAが上手く回るはずがありません。**私が関わってきた2000以上の赤字企業には、「経営課題が何かわからないままPDCAを回している」という共通点があります。

PDCAで仕事をうまく回すには、情報の収集・分析で課題を見極めたうえで解決すべき目標を定め、計画を立案・実行しなければならないのです。

67 仕事ができる人ほど、使えるフォーマットを持っている！

　仕事の能率が悪い人や会社を上手に導けない経営者を見ていると、「この人は役に立つフォーマットを持っていないな」と感じることが多々あります。つまり文字どおり、書式という意味でのフォーマットさえあれば、スピード感のある仕事術を実践できるということです。

　私は有能な人ほど数々の「書式」を持っており、それを上手に使いこなしていると見ています。**何かを始めるとき、応用可能な書式さえあれば、仕事の計画書も簡単に書ける。**それは仕事を迅速に、そして用意周到に進めるために必須なツールになります。

　この重要性に気づいたのは、私が世界有数のグローバル企業に長く勤務していたからです。国をまたいでいろいろな人と仕事をするためには計画を明文化しないと、必ず細かいところで齟齬が出てきます。

　もちろんフォーマットは、ただマネをするだけでは意味がなく、自分で作るもの。上手に利用して応用すれば、紙1枚の詳細な計画書なども作れてしまいます。

68
7つのプロセスで「思いつき」を「企画」に変える

　企画＝アイデア勝負だと思い込むのは、日本のビジネスパーソンの悪い癖です。企画とは、目標を立てて、その実現に向けて計画すること。目標設定とその実現方法が的確なら、特にユニークなアイデアや目新しさは必要ありません。

　企画を立てるときの考え方の基本として、私が常に実践してきた7つのポイントは次のとおりです。

1. 現状把握（今、何が起きているのか）
2. 課題の洗い出し（今、抱えている問題は何か）
3. 課題改善の可能性（問題は改善可能なものか）
4. 目標設定（どの問題をどのレベルまで改善するか）
5. 目標達成のためのアクションプラン（どうやって改善を図るのか）
6. 経済性の検証（収支はどう変わるのか）
7. 他に与える影響（プランを実行すると、どのようなリスクがあるのか）

　まず情報収集して現状を把握して、そこから課題と改善可能性を洗い出して、数ある改善可能性の中からター

ゲットを絞り、それを実現するための手段を考える。

　さらに、それが会社にどんな利益をもたらし、どんなリスクを含んでいるかを検証する。この一連のプロセスがあって初めて、企画はビジネスの現場で価値を持ちます。

　ここに挙げた７つのプロセスを考えていない企画は、ただの思いつきです。ただの思いつきでは、どんなユニークな内容でも役に立ちません。

　たとえば、ヒットの可能性を秘めた商品企画があっても、自社がすでにその類似製品で圧倒的なシェアを取っているなら、新しい商品を投入する意味はありません。

　にもかかわらず、似たような企画をあげてくるのは、「１．現状把握」と「２．課題の洗い出し」というプロセスが抜けているからです。

　あるいはヒットが確実でも、多大な投資が必要で、豊富な資金力がある企業にしかできない企画があります。自社が中小企業なのにそういった企画を提案してくるのは、「６．経済性の検証」ができていないからです。

　逆に商品企画としては平凡でも、前後のプロセスが的確なら、良い企画といっていい。発想が斬新ではないからといって、悩む必要はないのです。

69
企画書はA4に1枚で！
それ以上はムダなこと

　企画立案プロセスを教える最も簡単な方法は、前項の7つのプロセスに応じたフォーマットで企画書を作らせることです。最初から1〜7を書き込ませるフォーマットを作っておけば、どこかのプロセスに漏れがあった場合でも、部下は自分でその漏れに気づきます。

　このときのポイントは、A4サイズ1枚でまとめること。経験上ですが、デキない部下ほど何ページにも及ぶ企画書をつくる傾向があります。

　理由は2つ。1つは**本人が企画の中身をよく理解しておらず、書くうちにまとまらなくなってしまうケース**。このタイプは、A4サイズ1枚にまとめさせることで思考が整理されて、良い企画書を書けるようになります。

　もう1つは、**量を書くことで「自分は一生懸命やった」**という自己満足に浸るケースです。これは、読む上司も一苦労だし、本人にとっても時間のムダ。お互いの生産性を考えれば、A4サイズ1枚で十分です。1枚にまとまらなければ、参考資料として別紙を添付すればいいだけの話。これは紙でもデータでも同じです。

70
ニーズは、欲求を満たす3層構造からできている

　ニーズ（市場＝マーケット）は、「Ｂｅ」「Ｄｏ」「Ｈａｖｅ」という３つの動詞からなる３層構造になっています。

　最も底辺にある根源的な欲求は、「〜になりたい」というＢｅニーズです。

　それが行動のレベルまで顕在化すると、「〜したい」というＤｏニーズになります。

　それを満たす商品が形になっていれば、Ｄｏニーズはさらに「〜を欲しい」というＨａｖｅニーズとなって表面化します。

　商品企画の段階では、表面化したＨａｖｅニーズとコンセプトが合致すれば、ほぼ成功といえます。

　ただ、シーズ（企業の先進技術）から出発したり、ニーズから発想したいが市場がつかみきれない場合など、Ｈａｖｅニーズが見えないケースも多々あります。

　このときにニーズの３層構造が頭に入っていれば、より潜在的なニーズからＨａｖｅニーズを予測して判断材料にすることができます。

71
利益の見えない企画書はただの報告書

　最終的に企画の良し悪しは、経済性の検証で判断します。面白そうな企画でも赤字になるなら却下。逆にありきたりの企画でも、会社に利益をもたらすならゴーサインです。

　かつての日本企業では、企画の着眼点が良く、なおかつ前例があれば、案外簡単に承認が下りるケースが多かったように思います。

　一方、私が在籍していたグローバル企業では、企画ごとにP／L（損益計算書）の計画書を提出するのが当然のことでした。企画を提案する側も、それを承認する側も、必ず「いつまでにいくらの利益が出るのか」という論点で話をしていました。

　今や日本企業も変わりつつあります。厳密なP／Lまではいかずとも、利益という視点のない企画は、まずとおりません。収支について触れられていない企画書は、ただの報告書と同じ。そこに斬新なアイデアが盛り込まれていたとしても、実行に移されることはないでしょう。

今後、その傾向がますます強くなれば、当然、リーダーにはより深い会計の知識が求められるようになります。

たとえば、企画書では売り上げ1億円見込みになっているが、本当にそれが可能なのか。販促費500万円という計算になっているが、本当にそれだけですむのか。

別に会計のエキスパートになる必要はありません。部下が上げてきた数字の真偽がわからなければ、それらの数字を関係部署や関係者に確認できるコーディネート力（調整力）があればいいのです。

自分で直接判断するにしろ、人の力を借りて精査するにしろ、大切なのは正しい数字を見抜くことです。突き詰めていけば、企画のマネジメントも、事業のマネジメントと変わりません。

企画といっても、最重要なのは、「ビジネスとしていくら利益が出るのか」という視点なのです。

72
アイデアは「質より量」でひねり出す

　問題解決のための良いアイデアが浮かばないとき、私は世界の発明王トーマス・エジソンの「天才とは1％のひらめきと、99％の汗である」という名言をよく思い出します。

　一般的にこの名言は、「良い結果を出すには努力が大切で、あとはほんの少しの幸運に恵まれればいい」と解釈されています。

　ただ、私の読み方は少し違います。

　「そもそもひらめきは、努力の積み重ねなしには生まれない」。それが、この有名な言葉に隠された本当の意味だと思うのです。

　エジソンの有名な発明品の1つに白熱電球があります。当時、すでに電球は発明されていましたが、点灯してしばらくするとフィラメントが燃え尽きてしまうため、実用化はされていませんでした。

　そこでエジソンは、フィラメントの素材を取り替えながら、1万回以上も実験を実施。

その結果、木綿糸を炭化したフィラメントで40時間の連続点灯に成功しました。
　さらに実験を続け、日本の竹を使ったフィラメントで1200時間の点灯に成功して、実用化に弾みをつけました。
　このエピソードで注目すべきは、なぜ木綿糸や竹という素材に目をつけたのかという点です。木綿糸や竹で実験したのは、決して偶然ではありません。
　実は、エジソンがこの実験のために用意した素材は6000種類以上。とにかくありとあらゆる素材で何度も実験を重ねて、一つひとつが失敗しては消えていった結果、木綿糸や竹に巡りあったのです。
　驚嘆に値するのは、エジソンがあらゆる選択肢を考慮に入れたこと、そしていつ成功するのかわからない実験のために、労を厭わずに素材を試し続けたことです。
　消去法で正解にたどり着くために、誰よりも選択肢を増やして、誰よりも実験回数を増やす。そこにエジソンの偉大さがあるのです。
　良いアイデアを生みたければ、少しでも多くのアイデアを出して、ダメなものを1つずつ潰していく以外に道はありません。
　その努力を惜しまずにできるかどうか。それが発想豊かな人とそうでない人の、本当の差ではないでしょうか。

73
発想力を磨くには、異業種に仮想のライバルを作れ

　眼鏡レンズ大手のニコン・エシロールの再生を手がけていた頃、価格11万円のオーダーメイドのレンズを企画したことがあります。

　当時、10万円台の超高級レンズを作っている国内メーカーは1社もありませんでした。「お客様が眼鏡レンズに使うのは、せいぜい5万円まで」という分析が、業界のスタンダードだったからです。

　ところが、業界関係者の予想を覆して、その超高級レンズは大ヒット。新しい市場の開拓に成功して、業界からも高い評価を受けました。

　ただ、私自身に、新しい市場を開拓したという意識はありませんでした。

　たしかに眼鏡レンズとしては新しい試みでしたが、富裕層のマーケットは以前から存在していて、そこでは10万円を超える装飾品が普通に売れていました。私は視点を業界の内から外に移しただけ。特にオリジナルの発想ではないのです。

業界の狭い枠の中だけに閉じこもっていると、どうしても発想が貧弱になりがちです。

もちろん同業界のライバルと争うための発想も重要ですが、視野を広げて、まったくの異業種界を潜在的なライバルとして考えれば、これまでにない新たな発想が浮かんできます。

たとえば旅行業界なら、他のレジャー産業だけでなく、癒しや感動を与えてくれる商品はすべて競合になる可能性があります。

また学習塾の経営なら、他の教育産業だけでなく、子どもたちが好きなゲームや漫画から何かの着想を得られるかもしれません。

いずれにしても、**異業界を意識すると、従来の壁を打ち破るヒントをもらえます。**くれぐれも自分の業界に閉じこもらないように注意しましょう。

74
予備の企画を常に3つ用意しておく

「新商品の初動売上が好調なのに、部長から次の商品の企画を催促されました。今は新商品の展開に全力を注ぎたいのに……」

以前、私はあるメーカーの課長から、このような相談を受けました。

たしかに新商品を投入したばかりの時期に、次の企画に時間を割く余裕なんてない、という現場の気持ちは理解できます。

ただ、部長の要求は間違っていません。いくら初動が良くても、その商品の勢いがいつまで続くのかはわからないからです。

そのときに次の商品の準備ができていなければ、市場の反応が悪くなった商品を、売れないことを承知で売るはめになります。

業種や業界によって商品やサービスのサイクルや開発期間が異なるため、場合によっては新商品の発売時に、次の次の商品を用意しておかなければいけないこともあるでしょう。いずれにしても、既存商品の展開と新商品

の企画は同時に進める必要があります。

　また、「ウチの会社は定番商品を持っているから大丈夫」という考えは危険です。

　かつて、ジーンズの売り上げがかなり落ち込んだことがありました。ジーンズはカジュアルファッションの代名詞的存在で、小さな波はいくつかあったものの、数十年間、比較的安定して売れ続けてきました。

　しかし安価なジーンズが一般に普及した結果、市場が急速に縮小。売り上げの多くをジーンズに頼っていたアパレルチェーンは、軒並み業績を落としました。

　どんなに息の長いロングセラー商品も、いつか必ず疲れます。

　そのとき備えができていない企業は、主力商品の衰えとともに売り上げを減らしていきます。

　時代が悪くなったのではありません。時代の変化に備えていなかった自社が悪いのです。

　私自身の経験から言って、売り上げが好調な商品があっても必ず予備の商品企画を3つは用意しておきました。

　既存商品が大ヒットを続けて、結果的に新商品の企画がお蔵入りになってもいいのです。大切なのは、時代が急激に変化したときに、「切り札が手の内にあるのかないのか」ということです。

75
迷ったときは、シーズよりもニーズを優先する

　商品企画の理想は、シーズとニーズが合致した状態での商品化です。

　しかし、現実はそれほど都合良く進まず、リーダーは、シーズとニーズがかみ合っていない状態で商品化の決断を迫られます。

　このとき、いったいどちらを優先すべきなのか。

　私の答えは決まっています。

　迷ったら、市場のニーズを選ぶ。これが鉄則です。

　シーズを優先した商品は、いわば三振の多いホームランバッターです。現状では市場に求められていないものを提案するのだから、外れる確率が高いのは当たり前。

　しかし、うまくマッチしてニーズを掘り起こせれば、市場をほぼ独り占めして、爆発的なヒットになる可能性もあります。

　一方、ニーズから発想を始めた商品がまったく売れないというケースはまれです。市場の要望を商品化しているのだから、これは当然です。

ただ、表面化したニーズは他社もよくわかっているため、競争が厳しく、市場の独占は困難。野球で言えば、打率はそこそこだが単打ばかりのアベレージヒッターというところでしょう。

このように穴の多いホームランバッターばかりの打線と、つなぐ野球で点を取りにいく打線とでは、どちらがより勝利に近づけるか？ 現代野球では、明らかに後者です。

これは商品企画でも同じです。**ハイリスク・ハイリターンな商品企画に賭けるより、確実性の高い商品企画で積み重ねていったほうが利益は出ます。**

まずはニーズとシーズが合致する点を探り、うまくかみ合わない場合は、ニーズから商品を企画してシーズが育つのを待つ。

これが商品企画における正しい考え方です。

76
ヒットを狙うよりも、ライバルを叩く方法を考えよう

　あるメーカーの再生事業で、これまでの商品企画を見直していたとき、開発途中で中止になった企画がいくつもありました。その理由を担当課長に尋ねたところ、「ライバル社が同じコンセプトの商品を先に販売したので、メリットが少ないと判断して、途中でストップさせました」という答えが返ってきました。

　これはメーカーが最もやってはいけないパターンの1つ。この会社が赤字にあえぐようになったのも、ある意味では必然でした。

　この会社は、大きなミスを2つ犯しています。

　1つ目は、商品開発の遅れから他社に先を越されて、先行者利益を逃してしまったこと。

ビジネスで勝つのは、アイデアを最初に思いついた会社ではなく、アイデアを最初に実現した会社です。せっかく良い企画を立てても、開発が遅れて他社に先んじられてしまったら、もうそのアイデアに価値はありません。

　2つ目のミスは、そこで商品化を諦めてしまったことです。企画を途中でストップさせると、その商品の対象

市場には、ライバル社の商品しかありません。他の競合他社が参入しない限り、最初に開発したライバル社の独占状態です。

　特定の商品分野をライバル社に独占させても、他で確実に勝てるなら問題はありません。

　しかし、ある商品分野を独占されると、結果的に他の商品分野でも不利に働くケースが多いのです。

正直、二番煎じの商品は、「負け戦」です。

しかし、負け戦であることがわかっていても、ダメージを減らすために、あえて後発で商品を出さなければいけないことがあります。ちなみに二番煎じでも守りを固めるべきは、自社とライバル社の資本力に大きな差がない場合に限られます。

　相手が巨大企業なら、選択と集中で、苦手分野から撤退し得意分野に資本と人材を集中させることが原則です。また自社が圧倒的に企業規模で勝っているなら、たとえ相手に先んじられても、物量作戦で攻めの戦略を実行できます。

　ライバルと自社の力関係をよく見極めて、適切な戦略を選んでください。

77
ヒットを生む名人、
企画すらとおらない凡人

　過去から現在に至るまで、世の中には、優れた商品やサービスがたくさんあります。その多くは、実際に売れたものです。
　ヒットを生む名人はこうした「本物」から、そのエッセンスを抽出し、自由自在に組み立てることで、まったく新しい商品やサービスを創り出すことが得意です。
　こうして創り出されたものには、「本物」のエッセンスが流れているので、消費者の支持を集める可能性が高いわけです。

　新しいアイデアといっても、たいていは、過去にあったもの同士の組み合わせです。
　何もないところから、見たこともないものが生まれるなんてことは、まずありません。
　仮にそういうアイデアが創出されても、見たことも聞いたこともないものは、理解するための「とっかかり」がないので、良いものかどうか判断がつかないので、一般の人たちには簡単に受け入れられません。

それなのに、商品の企画や開発の部門には、「オリジナリティがあるかどうか」という点にこだわっている人がたまにいるのです。

　彼らは、「いまだかつて、どこにもないものを世に出さないと、モノづくりに携わっている意味がない」「今売れているものを参考にして、新商品を開発するというのは下品なやり方」と決めつけているのです。

　しかし、実際に企画提案をプレゼンさせてみると、雲をつかむような話を始めて、その成功の根拠は曖昧です。

　よくよく話を聞いてみると、「自分の感覚で良いと思わないと、自信をもって進められません」ということらしい。

　いくら多様性の時代だとはいえ、自分本位だけでなく、消費者の感覚・言葉が根源で「本物」を創り出す発想力を育てなければなりません。

78
データが蓄積されるほど、法則性と例外が見えてくる!

　27歳のときからつけ始めた、この「OYATTO NOTE」のおかげで、身についた最大の能力とは、**「ある現象から、そこにある法則性を見つけ出す能力」**と言えるかもしれません。

　つまり、朝起きたときから寝床の枕元まで、このノートを肌身離さず携帯して、知り得た情報や疑問に思った点、ふとひらめいたアイデアなどを書き連ねていくことで、情報を俯瞰的、立体的にとらえることができるようになったのです。これは、私が触れる情報の絶対量が、ノートをつけることによって飛躍的に増えた結果と言えます。

　周りを見回すと、優秀な大学を出ているのに、10年、20年経っても、自分のプロジェクトを始めるときに、貧弱な、しかも自分にとって都合が良いデータしか集められない人が目につきます。企画書をちらりと見ただけで、成功率が想像つくような……。要は頭と身体を使って集めた情報ではなく、机上の空論をもとにした、横着な企画だということが透けて見えるのです。

情報やデータには「浴びるほど」触れるべきです。すると、原因と結果の法則性が徐々にわかるようになるのです。
　実はこの法則性というものは、最初から見つけようとして情報に当たっても見えてきません。
「情報勘」というのがあって、それまでに触れた膨大なデータから、ふっとイメージが湧き出て、その原因と結果の因果関係がわかるというものです。
**　そして、その情報勘が教えてくれるもう1つの大事な要素は「例外」なのです。**「例外」が出現するときはどういう状況かが何となくイメージできる能力。
　いわばそれは、危機回避能力といえるものです。

79
ブームが続くための本質的な方法

女子ゴルフブームが続いていますが、その立役者である樋口久子さん（日本女子プロゴルフ協会前会長・現相談役）をご存じでしょうか。

彼女は、かつて年間200日以上全国を飛び回り、女子プロをスポンサーに売り込んでいたそうで、私もたくさんのことを学びました。

１つ目は、「気配り」。以前、縁あってシニア女子プロ大会のお手伝いをしたとき、絶妙なタイミングで日傘を出してくれるなど、樋口さんの並大抵でない気配りに驚いた経験があります。

２つ目は、「低姿勢」。樋口さんは、女子プロ１期生で女子トーナメント優勝第１号、そして優勝回数72回で日本歴代女子最多、さらには日本人初の世界ゴルフ殿堂入りなど素晴らしい経歴をお持ちです。

しかし、まったく偉ぶらず、慇懃ではない、道を究めた人ならではの自然体のおもてなしを感じました。

３つ目は、「スポンサーと来場者ありきなのを強く意識すること」。樋口さんは、スポンサーあってのプロの世界であることを熟知していたので、プロアマ戦を重視して、スポンサーが喜ぶ施策をいろいろと実施していました。参加するプロたちが進んでスポンサーやゴルフ場への入場者と会話し、レッスンやサイン会を積極的に行うよう努力を続けていたのです。

この３つはあらゆるビジネスにおいても同様に大切です。消費者やスポンサーなどの顧客に支持され、ブームが続くための本質的な方法といえるでしょう。

第6章
ますます求められる
「リーダーシップ」の原則

リーダーは、部下から"良い人"と思われる必要はありません。それよりもあなたは日々、目に見える努力をし、有言実行でチームを引っ張り、部下を成長に導かなければなりません。あなたが真のリーダーを目指すなら、自分がどんどん伸びて、存在感を高めることが絶対条件です。自分が動けば、部下だって動く。自分が頭でっかちなら、部下の行動も止まってしまう。真のリーダー像を確固たるものにし、あなたの力で無気力な現場を180度変えてください！

80
リーダー必須の心構え7カ条

　リーダーとは、「責任のある人」のことです。つまり、ヒラ社員とは違う心構えを持つ必要があるのです。私がリーダーを育成するとき、最初に次の7つの心構えを徹底して身につけさせました。

1. 原理・原則を重視する
2. 悪い情報を隠さない
3. 敏速に行動する
4. 会議は最小限に減らす
5. 自ら仕事を作り出す
6. 信賞必罰が実行できる
7. セクショナリズムに陥らない

　どれか1つでも欠けているものがあったら注意。あなたは部下や上司からリーダーとして半人前以下だと思われている可能性が高いです。

81
真のリーダーになりたければ、こんな行動をしなさい

　組織のリーダーという立場になったとき、真っ先に考えてほしいのは次の2つです。会社が生きていくために社内外の変化を敏感に察知して、状況に応じて「会社の力」を駆使すること。そして会社を取り巻く環境の変化に勝ち抜くために組織力を磨き、強化することです。

　そのためにあなたがまず心がけなくてはいけないのが次の4つの行動です。

1. 良いこととは気づいているが、自分がそれをやっていないことに気づこう
2. 過去のしがらみを捨てる勇気を持とう
3. 組織の壁、垣根を取り払おう
4. 縦割りの責任のなすり合いをなくそう

　激変する現代において、組織は臨機応変に状況の変化に対応できなくてはなりません。これら4つのことはすべて、部下という立場のときは望んでいたのに、いざ上の立場になるとなかなか実行できないことでもあります。

82
改革を唱えることは簡単！だが、組織に浸透させるのは至難の業

　トリンプの社長として現役時代に19年連続の増収増益を果たした吉越浩一郎さんは、型破りな社内システムを作る達人でした。

　たとえば、昼食時間は11時半から12時半。他社がみな12時からなら、早くスタートすれば混雑に巻き込まれずにのんびり食事ができるというわけです。

　また「TTP」なる言葉を社内に広めました。このキーワードでますます利益を上げたそうですが、これ「Tettei Tekini Pakuru！」、つまり「徹底的にパクる！」の略。パクった末にオリジナリティをプラスαすれば、完成度の高いオリジナルの仕事になるという考え方で、他社の良い点を徹底的にマネするのを正義としました。

　非常にシンプルな発想ですが、ここには他社にはマネできない2つの素晴らしい点があります。**旧弊からの脱却を断行すること。そしてその発想を、機知をまじえて社の隅から隅まで浸透させたことです。**良い結果を出し続けた名社長たる所以はここにあるのですね。

83
人を動かす5つのコツ

　私が再生のために赤字会社に乗り込んだその日、全従業員を前にして話を進めるときに、特に気をつけてきた5つのポイントです。

　1．わかりやすい例を使う
　2．今までの目標を変える
　3．新しい目標を伝えて説得する
　4．新しい目標を共有する
　5．価値観を共有する

　特に全社員を集めて、そこで会社の「目標」について、きちんと話し合うことが大切です。

84
昇進させるべき人物像は「部下に花を持たせる」ことができる人

　私が昇進させたいと思う人の条件は、部下の能力を120％引き出せる人材です。そして以下の7つのチェック項目に照らし合わせて最終的に判断します。

1. 部下に「自分は成長している」と思わせる能力
2. 小手先の知識でなく、原理や理念に沿った、実践的な行動を教える能力
3. 情熱を持って、部下と接することができる能力
4. 指導に迷いがない人
5. 思いやりと厳しさを持って接することができる能力
6. 部下の長所と欠点を把握する能力
7. 部下に、花を持たせることができる人

　特に7は大切です。
　7をできる人の部署が、いちばん業績の良いケースが多いからです。

85
リーダーは「絶対に黒字にする!」という執念を持て!

　リーダーになった以上、持ち続けなければならないのが、以下に記す３つの執念です。

１．「絶対に利益を生み出すんだ」という覚悟と執念
２．熱意と、粘り強い努力を続ける執念
３．目標を達成するためのチーム作りを続ける執念

　一見、当たり前のように思えるかもしれませんが、この３つを持ち続けることは、存外難しいのです。
　１は、「市場が縮小しているから仕方がない」と思ったが最後、消えてしまいます。２は、少し業績が上がると、すぐ忘れがちになる題目。３は、いつの間にか「仲良しグループ」になり、リーダーにとっても部下にとっても、組織というものが居心地の良い形態に落ち着いてしまうと、大ナタを振るう勇気が失せていくのです。
　これらを実行に移すことは意外に簡単に見えて、実は真の「執念」がないと実現できないことなのです。

86
怖がられる人間ほど
本物の信頼を手にできる!

　この言葉は、肩書きが上がるにつれて、私の胸に深く刻み込まれていった言葉です。
　ビジネスパーソンは昇進するに従って、孤独にならざるを得ません。ですから、トップである社長が一番孤独なのです。
　ヒラ社員なら軽口を叩いても許されますが、昇進するに従い、歯の浮くような言葉や会社の利益を優先する発言を常に強いられるからです。
　部下の前で会社のグチを言おうものなら、彼らの仕事へのモチベーションを落とすだけでなく、足の引っ張り合いに利用されたりもしかねません。
　だからこそ、心を鬼にする努力が必要。

　特に、部下のウソやごまかしを許さないシステムを構築することは、円滑にリーダーシップを発揮するために必要です。
　なぜなら、一度甘い態度を見せてウソを許してしまうと、部下から軽く見られるだけでなく、後で裏切られる

第6章 ますます求められる「リーダーシップ」の原則

危険性があるからです。
　そのためには、小さなウソやごまかしの芽に見て見ぬ振りをしないこと。それから情報マンや情報ネットを社内に持つことです。
　特に再生会社のトップに就任したときなどは、前にも書きましたが、「情報マンは大歓迎。しかし優遇はしない」と社内にもアナウンスしました。実はこの宣言だけでも、かなりの抑止力にはなるのです。

　ウソや不正は、会社の体質が生ぬるく、恐怖感がないところにはびこります。怖がられることを恐れていては、結果的に、平気で不正がまかり通る会社になりかねません。
　そんな甘々の上司では、好かれはしても、本当の信頼は得られないのです。

87
リーダーに求められる「**理論武装**」とは?

　衰退していく会社を見ていると、社員の多くは思考停止しています。何をしたらいいかわからず、ただ1日が過ぎればいいという集団でしかない企業もあります。

　組織の長になったとき、「やる気を忘れる」「責任感を感じない」「慣れに安住する」「無気力が気にならない」部下たちを目覚めさせるのはあなたの役目です。

　だからといって部下のミスを、これは良い機会だとばかりに、「いったい何年、仕事をしてるんだ！」という言葉は必ずしも得策ではありません。

　私はかねがね**「リーダーには知的腕力が必要」**と強調してきました。頭ごなしに部下を屈服させるだけでは部下を成長に導くことはできません。自分の実力を誇示しながら部下をやる気にさせるためには、ひと工夫が必要です。

　叱る場合は、「できる／できない」を問題にせず、「やる／やらない」を基準に叱るのです。「何年、仕事してるんだ」と言うより「どうしてすぐに、○○に電話しなかったんだ」と具体的に指示することが大切なのです。

88
部下を叱ったら必ずその倍、ほめなさい！

　ミスをした部下はきちんと叱るべきです。私は「長谷川さんに叱られたときはホントに命が縮むくらい怖かった」と言われるくらい、感情むき出しで叱ります。

　叱られれば当然、部下は傷つきます。自信もなくすでしょう。だからこそ私は思い切り叱ったら、その倍の時間と労力をかけてほめました。**相手が傷つけば、その傷を癒すのも叱った者の義務だと思うからです。**

　では、具体的にどうするか？

　私はミスをした経緯を辿っていくことにしています。ミスが顕在化する原因は１つか２つの小さな失敗のことがほとんどです。ですから、ミスの原因はここだと指摘し、叱ったあとはそれ以外のミスに直接関係ない部分をほめるのです。「あの部分は君の明確な失敗だが、ミスのあとのフォローは迅速だったので、被害は少なくてすんだし、お客様にもご理解いただけた。これからも期待しているから、この調子で頼むよ」といったように。このように評価してあげることが、１つの失敗をモチベーションに変えるキッカケにもなるのです。

89
リーダーの能力とは、一緒に働く人たちのモチベーションを上げること

　これは私自身の体験からして、かなり難しいことです。特に業績の落ち込んだ赤字の会社ほど、リーダーは「この人と一緒なら頑張りたい、努力したい」と周囲に強く思わせなくてはなりません。そのために私は、働く人たちのプライドを取り戻すための工夫をいくつも試みます。

　たとえば、社員一人ひとりの業績を細かくチェックして、その実績が多少劣っていても、何かと名目をつけて表彰してきました。**実際、数字で功績を表すことのできない部署の人たち、そんな縁の下の力持ちにスポットを当てることが、会社全体のやる気を引き出す導線となることが多いからです。**

　それは、会社の再生というのは結局のところ、社員のモチベーションが最も重要だからです。先に述べた表彰制度などを例にとっても、モチベーションを高めることに大きなコストはかかりません。現有戦力を最大に生かすためにすべき一番の仕事は、部下たちを情熱のある人間に育て上げることなのです。

90
部下のやる気スイッチを入れる4つの「ほめるとき」とは?

　部下を動かすコツの1つに「ほめる技術」があります。ただし、ほめ言葉というものは決して万能薬ではなく、何でもかんでもほめればいいってものではない。**相手の状態に合わせてほめ方・叱り方を変えないと、かえって部下のモチベーションを低下させるのです。**

　そこで重要なことは、部下の心理を見極めて、次の4つの状態にあるときにほめてあげるのです。

　①今成長期にあり、さらに高いパフォーマンスを発揮するために努力を続けているとき。②自己満足に陥り、それ以上の努力をしなくなってしまったとき。③スランプから脱したいという意欲はあるが、何をやってもうまくいかず、自信を喪失しているとき。④無気力な心理状態にあり、何かを変えようという意欲さえ湧いてこないとき。

　特に部下が②や④のような状態のときには叱りたい気にもなりますが、逆にほめることで部下の"やる気スイッチ"が入るのです。

91
同じほめるなら、朝一番にほめなさい

あなたは部下をほめる人ですか？

それとも叱る人ですか？

どちらのタイプであっても、正解・不正解はありません。部下がやる気を出して、フルパワーで働いてくれるならそれが正解です。

ただし、1つだけ申し上げたいことは、**「朝は叱らないでほめる」**ことです。朝一番に部下をほめるほうが、会社の業績が上がるからです。逆に出社早々にネガティブなことを言われたら、部下のその日1日が台無しになると思いませんか？

私が顧問をしている食品スーパーでは、ただほめるだけでなく、部下を具体的にほめちぎります。

たとえば「あなたの笑顔はいつ見ても世界一だ」とか。ほめるという行為は相手の存在を認めることで、「さあ頑張ろう」という気持ちにさせます。

部下をやる気にさせる人こそ、真のリーダーと言えるでしょう。

92
部下の隠れた能力を見つけ出し、再生せよ

　私の赤字脱出法は、3カ月が勝負です。このとき重要なことは、いかに使える人材を発見できるかです。たったの3カ月で会社を黒字化するわけですから、人を育てている余裕などありません。そこでAの部署では使えないという人が、Bの部署なら必ず能力を発揮できる――そんな素養を見抜く眼力がリーダーには問われます。

　ここで参考になるのが、万年最下位のプロ野球チームを常勝球団に作り替えた野村克也監督の考え方。野村監督は部下を再生するカギを2つ挙げています。

　1．意識改革による方向転換
　2．何か1つ新しいことを覚えさせる

　たとえばピッチャーであれば、速球を投げることへの夢を捨てさせて、新しい変化球を覚えさせる。バッターであればホームランを諦めさせて、自分なりのヒットを打つ形を覚えさせる、といった具合です。その潜在的な能力を探し出してチャレンジさせることこそがリーダーの役目だと強調しています。私もまったく同感です。

93
リーダーの求心力は「言行一致」で決まる

　会社というのは不思議なもので、平気で社長に意見をしたり、仕事ぶりが荒いリーダーなのに統率する部署が業績を上げているというケースがあります。
　反対にトップの意見に従順で、普段の仕事ぶりも真面目なのに、どんどん業績を落としていくリーダーもいます。
　そんなリーダーたちの部下を見ると、差が生まれる理由がわかります。
　前者の部下たちは生き生きした顔をしていますが、後者の部下は、どことなく白けた態度なのです。
　つまりこの差は、リーダーとしての求心力の差で、業績を上げる上司は、社長にも部下にも等しく腹の内を明かして接している。部下が白けていく上司は、社長や彼の上司の言うことに振り回され、言行が一致していないため、今ひとつ信頼感が生まれません。

　優秀で頭は良いけど部下から信頼されない上司より、多少の欠点があっても、部下から信用されているリーダ

ーのほうが部署のパワーは発揮されます。

つまり、社長を前にしても安請け合いしない。その代わり「言ったことはやる」という態度が、上司と部下の間に信頼感を生むのです。

とはいえ、私が社長なら、そんなリーダーにこそ、もうワンランク上の伸びしろを期待します。
このような人材が、さらにスキルをアップすれば、部下のスキルも一瞬のうちに向上するからです。
求心力は、経営者には両刃の剣。
一歩間違えれば、求心力を盾に部署の利益にのみ心を砕き、部内の不祥事やマイナス面を隠すことにつながるからです。
実際、親分肌のリーダーにはこういうタイプが多いものです。

94
内から湧き出る
存在感を持て!

　読売ジャイアンツ終身名誉監督の長嶋茂雄さんは、実は私の出身校・千葉県立佐倉高校の4学年先輩。彼が大学生の頃、六大学のスターだった杉浦忠選手や本屋敷錦吾選手を引き連れては母校の校庭を訪れ、熱く野球部の指導をしていた姿が今も忘れられません。当時から全身からオーラがあふれ出ていました。

　そんな長嶋先輩だからこそ言えるのが次の言葉です。

「4番打者というのは、技術だけではダメ。内から湧き出る存在感が『主砲としての地位』を築くことになる」

　どんなに仕事ができても、リーダーになれない人がいます。そんな方々には、この不世出の名選手の言葉が苦々しく聞こえるかもしれません。

　しかし、内から湧き出る存在感は本人次第で手に入ると私は考えています。

　私が実際に社長やCEOを務めた会社で、部署のリー

ダーに据えたくても、据えられないという人の共通点は、どこか「醒めた人」でした。

特に再生会社は、野球で言えば、それこそ9回裏のツーアウト満塁。

そこで勝負を託せるのは、「一緒に闘ってくれる人」です。

仕事で結果を出すだけでは足りません。燃える闘志で、部署の士気を盛り上げる必要があるのです。

内から湧き出る存在感の正体は、実はこの闘志なのです。

リーダーを目指すなら、常に闘う気持ちを持ち続けてください！

95
良い指示には
メモがいらない

　知人の会社の話です。「ライバル社のシェアを奪え」と命じたところ、第1営業部と第2営業部の2人の部長がまったく違ったアプローチで、部下にハッパをかけたそうです。

　第1営業部長は、数々のデータをもとにしてたっぷり30分、戦略を説明しました。

　一方、第2営業部長の訓辞はたったの1分程度。「今回はオセロ作戦でいきましょう！ とにかく担当エリアでライバルに奪われたシェアをひっくり返してください。頼みましたよ」と、メモも不要なほどのコメントだけだったとか。2カ月後、シェアを取り戻したのは第2営業部。シンプルなメッセージほど、よく伝わるという好例でしょう。

　長い説明はかえって焦点をぼやけさせてしまいます。**伝達事項はせいぜい3分以内**。優秀な人は難しい話をやさしい言葉で伝えられる人です。

　あなたもぜひ、そんな能力とセンスを磨いてください。

96
お客様は神様……。
でも、ときと場合によっては
部下をかばってほしい

　量販店を担当している営業部員が、激昂して帰社してきたことがあります。聞いてみると取引先が契約をたてに、彼に店の販売員のようなことをさせているのだとか。

　こんなとき、あなたが上司だったらどうしますか？

「お客様は神様！　理不尽だと思っても会社のために我慢してくれ」と諭すようならリーダー失格です。たとえ大事なお客様でも、取引先の労働力として扱われるいわれはありません。きちんと取引先に異議を申し立て、部下を守ってこそのリーダーです。

　私は実際にこのようなケースに遭遇し、2回ほど取引をやめたケースがあります。

「当社はお客様と同じくらい社員を大事に考えております。ご理解いただけなければ、おつき合いしていただかなくてけっこうです」と。

　果たして、売り上げは落ちたでしょうか？

　いいえ、社員たちは誇りを持って働いてくれて、業績回復の大きな力となったのです。

97
売り上げに悩んだときにリーダーが自問すべき言葉

　企業は社会環境に合わせて、対応を刻々と変化させていかなくてはなりません。荒海の中では帆を下げ、凪なら潮の流れを探し、利益という目的地を目指す存在です。ですから、初めて部下を持ったときは、「自社が、そしてこの自分の仕事が、今どんな状況にあるか」に常に敏感でした。以下は私が役職者として、毎日のようにつぶやいてきた呪文。つまり、この会社や商品は、

- 力が弱いのか強いのか、弱体化しているのか？
- 可能性があるのか、ないのか？
- 拡大するのか、縮小するのか？
- 伸びるのか、伸びないのか？
- 高いのか、安いのか？
- やる気があるのか、ないのか？
- じゃあ、それがどうしたんだ！

です。実は上の6つ目までは組織の立ち位置をチェックするための言葉。そして最後の「じゃあ、それがどうしたんだ！」はマイナス要因にとらわれずに、頭をポジティブに切り替えるための「スイッチ言葉」と言えます。

98
「マイナスの口ぐせ」が社内に蔓延する5つの原因

　再生会社に出向くと、社内は「マイナスの口ぐせ」を唱えている人でいっぱいです。たとえば、「どうでもいいや」「誰かが、そのうちやってくれるだろう」「それはこっちの責任じゃない」「おまえ、やっとけ」「ま、いいか」「この給料じゃ、やる気にならない」などなど……。

　これらのマイナスの口ぐせで社内があふれかえるのには、大きく分けて5つの原因があります。

1. 社長や経営幹部が役割を果たしていない
2. はっきりした理念や目標を作っていない
3. 組織が複雑で、誰が何をやっているかわからない
4. 赤字なのに給料がどこから出ているかがわからない
5. 自社の強みと弱みを知らない

　これは、ダメな人間も同様。頭を使っていない、自分のゴールを設定していない、仕事の流れを理解してコントロールしていない、利益をどのようにして生み出すかに無関心、つまり自分の長所も弱点も知らないのです。

99
ビジネスの現場に必要なのは、実はネガティブ思考!

　企画会議のとき、出てきた数々のアイデアに「期日的にムリがある」「予算が足りない」「どこそこの会社でも同じことをしている」などと、弱点やマイナス面を指摘し続ける人がいます。ネガティブな意見に終始する人がいると場の空気が悪くなりますし、下手をすると「もっとポジティブに考えろ!」と糾弾されかねません。
　でも、そういう発想は罪なのでしょうか?
　私はそうは思いません。ネガティブな要素を一つひとつ洗い出していく作業は、むしろ重要な思考過程です。**ポジティブ思考のワナは、正常なチェック機能が働かなくなる点にあります。**まさしく太平洋戦争中の大本営のように、「縁起の悪いことを言うヤツは粛正!」というふうな無策の神頼み集団になりかねません。ですからネガティブな要素に対して、つらくても正面から向き合うことは必要なのです。
　ネガティブ思考はビジネスにとって重要な才能。ただし、それだけでは単にケチをつける人。嫌われないために代案を考えだせる柔軟性を持ちたいですね。

第6章　ますます求められる「リーダーシップ」の原則

100 勝ち続けているチームのゴールキーパーは交代させるな!

　サッカーの世界に、このような格言があることを知り、思わずノートに書き留めてしまいました。なぜなら、好調なときの経営者の注意点とまったく同じだからです。

　好調時の人事交代がはらむ危険性は、意外に知られていません。しかし、事業の危機を招く結果を引き起こしかねないので、慎重さが要求されるのです。

　サッカーでは、キーパーを代えることで連携のあり方が変わったり、キーパーの人選が戦法の変更メッセージであると誤解した選手たちがゲームの進め方を変えてしまったり、「なぜ勝っているのに交代させるのだ」と、サポーターやマスコミが騒いだりします。

　経営もこれと同じで、守りの要の人間を代えてしまうと数々の弊害が生じます。第1に、好況をもたらしたシステムに微妙な変化を起こす場合がある点。第2に、間違った変革を推し進める懸念がある点。第3に、内外の反感を買う危険性がある点です。これは一般のビジネスパーソンの立場でも言えることで、うまくいっているときに仕事のシステムをいじるのは禁物だということです。

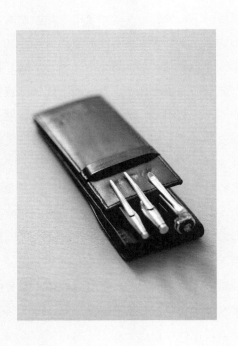

第7章
生きるために、横着心を捨てなさい

企業の業績が悪くなればなるほど、当然のごとく、人員削減・リストラなどが起こります。そのとき、横着者や依存心の強い人は「生きる」ことはできません。会社が欲しいのは自分の頭で考え、一歩でも速く動く人。そして人の２倍働く人です。会社という組織は全員野球、チームプレーが大切です。でも、個人個人が弱かったら勝ち目はない。だからまず、自分自身をピカピカに磨く。そして補欠からレギュラーに、そしてコーチ、監督へと進んでください！

101
3つの差をつければ、「生きる競争力」が生まれる!

ビジネスパーソンが、この厳しい時代を生きるには、

1. 基本的な能力の差
2. 自分の長所を上手にアピールできるかの差
3. 組織の中で、自分が活用される工夫の差

以上の3つの能力の差が不可欠です。

つまり、あなたは、「求められる基本的なスキルの向上を目指す」「培ったその基本的なスキルの上に、さらに人とは違った特殊能力の習得を怠らず」「組織の中で自分が生きる橋頭堡(きょうとうほ)(=陣地)を確保し続ける」という3つの努力をして初めて、戦いの場に立てるのだということを忘れないでほしいのです。

また、企業も生きていくためには、下の3つの部分で差をつけなくてはなりません。

1. 製品の差
2. 売り文句の差
3. 売る仕組みの差

そしてあなたは、あなたの企業がこれら3つを実現するために、貢献できるようになってください。

102
不況において、企業と個人が生き残る方法は同じ

　不況時において企業が取るべき道は３つです。①市場のシェアを奪うか、②自己をスケールダウンするか、③海外に進出するか。

　これは個人レベルでもまったく同じです。同僚の誰よりも働いて社内での評価というシェアを得るか、今の何割も安い給料に甘んじる覚悟を決めるか、または新しい市場をどこかに求めるかということです。

　比べてみると、後者の２つは不確定要素が多く、本当に勧められるのは**「ハードワークをやり抜け」**ということにならざるを得ません。

　安い給料を我慢して居場所を確保したとしても、現代は所得の低い者が割を食うシステムですので安心できません。また、新しい市場、つまり転職先や新しい商売が成功する可能性は見込みにくいのが現状ですから、会社を飛び出すことも勧められないのです。

　結局、王道は「あいつは人の３倍働く」と誰からも認められるくらいの情熱を見せることなのです。

103
仕事に必要なのは、マニュアルではなく「兵法」である！

　私は幼い頃から剣道を習っていました。それも剣道というより「剣術」といったほうがいいような、古武術的な流派です。今思うとスポーツ的な要素より、サバイバル的な要素のほうが強い訓練を行ってきました。

　10歳でも、大人の高段者と打ち合うのですから必死です。負けないために工夫を凝らすのです。正面から当たっても勝てないのがわかると、気のないフリをして相手のスキを狙うといった姑息な手も使いました。そのうち、相手が息を吸っているときにスキができることがわかってからは、一方的に負けっぱなしということがなくなりました。

　駆け引きというと、卑怯に聞こえるかもしれませんが、私はこの頃の経験から、**弱者が強者に対抗するには、こういう駆け引きや戦略は必要だし、むしろ尊いことだ**と思っています。頭をフル回転させて生き残る——これはマニュアルでは決して手に入らない兵法の感覚。今の人こそ、この感覚を身につけてほしいのです。

104
1ミリの成長でも
おろそかにしない

　元サッカー日本代表監督の加茂周(かもしゅう)さんが、日産のチーム監督をしていたとき、「１ミリ作戦」と呼ばれる戦術を選手に叩き込みました。これは、"一人ひとりが１ミリでもいいから成長しなさい"というもの。当時の日産は弱小クラブで、ライバルのヤンマー、古河、読売クラブなどとの差は１ミリどころか、何キロ分もありました。

　しかし、加茂監督は目先の１ミリを大事にしたのです。サッカーは11人のスポーツ。一人ひとりが１ミリの成長をすれば、11ミリ成長します。スタッフも含めれば20〜30ミリもの成長です。こうした努力が実り、日産は14年後の1988〜1989年のシーズンではJSL１部、天皇杯、JSLカップの３冠を獲得するチームへと成長し、今の横浜Fマリノスとなったのです。

１ミリの努力も、人数が集まれば大きな力に変わります。努力を継続すれば、その分、必ず成長するのです。

　あなたも「１ミリの努力」を忘れないでください。

105
将来の心配をするよりも、目の前の難題を片付けよう

　よく「会社再生の仕事を請け負うのは怖くないですか?」と聞かれます。当然、それは怖いです。ですが、怖がりすぎるとうまくいきません。
　古代ローマの哲人皇帝、マルクス・アウレリウス・アントニヌスがこんな言葉を遺しています。

「この先、どれほどの苦難が待ち受けているかを推測するな。現在起こっていることに対して、『このことの何が耐え難く忍びがたいか』を自分に問いかけろ。重荷になるのは未来のことでも過去のことでもなく、常に現在のことだ。真の問題点を切り離してしまえば、頭を悩ますものは、ほんの小さな問題であることに気づく」

　会社の再生もこれと同じです。心配ばかりが先に立って慌てると、小さな悩みが勝手に大きくなって心の中に広がるからです。**将来の心配をするより、目の前の問題点を一つひとつ片付けることが深く悩まないコツです。**

106
「信用力」=「担保力」。
あなたが差し出せる担保は何ですか?

　経営者の仲間と話していると、よく「信用力とは何か」という話題が出ます。そのときに多くの社長たちが口にする話は共通していて、**「信用力」＝「担保力」**ということです。つまり、銀行でも友人でもいいのですが、仮にお金が必要になったとして「今の自分ならいくらまで借りることができるか」ということです。

　言い換えれば、いざというときに、銀行や友人があなたのことを信用して、いくらまで貸してくれるかということ。その額が自分自身の「信用力」の証明になるのです。

「今の私には何の担保もない」と諦めてはいけません。**「信用力」は、一朝一夕にできるものではなく、コツコツと築き上げるものだからです。**若いときは、その若さを武器に信用をつければいいのです。

　どんな仕事に対しても若さという武器を発揮して取り組み、実績を積み上げる。そんな前向きな仕事ぶりが、社内外での「信用力」につながるのです。

107
専門知識と人間性が
生き残りの絶対条件！

　ビジネスの本質は、「他者との差を作り出す」ことです。常に他社より勝る部分を生み出す努力、その繰り返しだからです。

　個人レベルでも、それは同じ。あなたとライバルの待遇の差はあって当然というところから、まず発想をスタートさせなければなりません。

　そして、厳しい企業競争が続いています。この先、市場の寡占化は進み、倒産や合併の憂き目にあう会社はますます増えます。

　そのとき、あなたは果たして生きることができるでしょうか？

　生きることができるか否かの差は、専門知識やスキルを持っているかどうかです。たとえ会社がつぶれても、「私は中国に一人で営業に行って、注文を取ってこられます」というように、即戦力になる人なら再就職も可能でしょう。

　しかし、「私は倒産した会社で部長をやっていまし

た」としか言えない人材は、苦戦を強いられます。

　ですから、会社が存在するうちに、あなたならではの専門知識を身につけてください。社内の人に「あいつが休むと本当に困るな」と思われるような強みを手に入れてください！

　そしてもう1つ、**仕事をするうえでの絶対条件は「人間性」です。**あなたが不在のときに訪れた取引先が、「あの人、今日はいらっしゃらないんですか？」と気にかけてくれたり、あなたが10分遅刻したときに「どうしたのかな？」と社内の人が心配してくれたりするような、人としての好ましさを身につけてください。

　今の日本の教育は、徒競走にも順位をつけない学校があるほどの平等主義です。

　しかし現実のビジネス社会は、ビジネスの成果は当然のこと、人としての好悪の感情にまで、すべてにおいて順位がつけられます。ですから平等主義を盾にとって、自分の置かれた境遇に不平を言ったり、怒りをあらわにしたところで、誰も同情などしてくれません。

　自分の能力を無制限に伸ばそうとする努力は、ビジネスの世界では「善」なのです。

108
何でもできる器用貧乏が
すぐに忘れられる理由とは?

　赤字企業を再生するとき、私はまず営業部門のチェックを最優先しました。つまり、営業マンに同行して一人ひとりの行動をつぶさに観察するのです。

　すると、成績が落ちている営業マンのセールス・トークには、決まって1つの傾向があることに気づきます。

それは熱心に商品の特長を伝えようとするあまり、あれもこれもと長所を並べ立てる点です。

　しかし、そのようなトークではかえって商品に魅力を感じなくなってしまうもの。なぜなら、いくつも特長があるとかえって、本当の長所がどこなのかがわからなくなるからです。

　そんなとき、「同じ時間に10個の特長を並べるなら、**そのうちの1つの特長にしぼってじっくり説明しなさい**」と指導すると、成果が急に上がり始めるのです。

　一生懸命やっているのに結果が出ない人は、自社が扱う商品の強みは何なのかをもう一度考えてみてください。

109
学歴があっても学力がない人、体力があっても根性がない人

　上の2つのタイプは、いくら履歴書のスペックが良くても、生き残れないタイプです。

　学歴があっても学力がない人は、教えた仕事だけは本当にきちんとやります。しかし、自分で考えることに積極的ではないので進歩が遅い。

　一方、体力があっても根性がない人は諦めが早い。それは今の仕事で自分に何が求められているかを突き詰めて考えていないから、やる気が湧いてこないのです。

　つまり、この2タイプは自分の仕事に対して無関心なのです。少なくとも上司の目にはそう映ります。もし、私がこのような部下を持ったときは、「俯瞰の目」を持って仕事に当たらせます。自分がセクションの長になったと仮定したとき、自分に何が求められ、何をすべきかを考えさせるのです。それによって責任感も生まれます。

　実は早く出世していく人たちの共通点は、この俯瞰の目を持っていることです。常に全体像を見渡して行動するクセがついているので、1つ上のレベルを任せても安心なのです。

110
大不況時に知っておくべき、首の皮一枚戦略

　明日はどうなっているかわからない時代に無茶な経営（勝負）をすると、すべてを失う危険があります。

　過大なリスクを賭けて後悔するより、手堅く、手堅く。

　私が関わってきた2000社の赤字会社の50％は、そんな首の皮一枚でつながっていた組織ばかりでした。

　そこで頭に入れておきたい行動原則、考え方、大切にしたい7つのこととは——。

1．仕事を短・中・長期の視野でとらえる
2．無茶な冒険はしない、必要以上のリスクはとらない
3．見栄を張らない、調子に乗らない
4．博打は打たない、石橋を叩いて渡る
5．焦らず、慌てず、最悪を想定する
6．非常事態対策を念入りにやる
7．「各自の能力×勝負が読めたとき」＝成功のとき

　さらに必要条件として**「諦めない、やりとげる」**というメンタリティを強く持つことです。

111
生き残る会社とは、社員の家族までもが誇りを持つ会社である

　赤字の会社にトップの立場で赴任したとき、まず必要なのは、社員たちの誇りを取り戻す作業です。再生してきた会社が1000社を超えるとわかることですが、**会社をよみがえらせる決め手は一にも二にも「社員のやる気」につきるのです。**

　人間は、プライドを持てないことに対して、精魂を込めて打ち込もうとはしません。そこで私は全社員を集めて、こう言います。「皆さんのお子さんが学校へ行って、『ウチのお父さん、あそこの会社で働いているんだ』と胸を張って言えるような会社にしましょうよ。それは私ひとりでできることではありません。全員がそう思って動かないと、そういう会社にはなりません」

　これは個人レベルでもまったく同じです。あなた自身、誇りを持って仕事をしているかを常に意識してください。**妻子やご両親に見せても恥ずかしくない仕事ぶりか、チェックし続けてください。**不思議なもので、それだけで成果が上がるものなのです。

112
自分を成長させるには、10割以上の力が必要

イチロー選手がこう言っています。

「他人の記録を塗り替えるのは7、8割の力で可能だ。しかし自分の記録を塗り替えるには10割以上の力が必要だ」と。

周りのライバルとの競争よりも、自分自身との戦いのほうが熾烈極まると、イチロー選手は言うのです。

なぜ、このような話をするのかというと、これと同じような現象が社内にもあるからです。

入社するなり頭角を現し、「この人は将来出世するだろうな」と思った人が意外に伸び悩んだというケースを、私は多々見てきました。その理由を考えてみると、これらの人はライバルに勝ったとたんに力を抜き、7割程度の力で仕事をしてきた人です。

イチロー選手とは違って、自分を磨くことを怠った結果、伸び悩んだ人たちと言えるのではないでしょうか。もし、あなたが力の出し惜しみを感じていたら正しい方向に進んでいきましょう。

成長させることこそ、利益を生み出すのですから。

第7章　生きるために、横着心を捨てなさい

113
名ギャンブラーの考え方に学ぶ「経営のイロハ」

　私はギャンブルを好みません。ですから、徹夜で麻雀し、どんよりした顔で出社してくるような社員が好きではありませんでした。しかし、ある社員の話を聞いたとき、ギャンブルと商売は似ていると感心しました。

　その社員は、その日も徹夜明けなのか始業時間を過ぎても、営業に出かける素振りもなくダラリとしていました。私は怒鳴りつけたい気持ちを抑えて、「○○君、ギャンブルの必勝法って何だね」と聞きました。

　すると、「濃い薄いを上手につけることですね」という答え。「どういうこと？」と聞き返すと、「成功の確率が濃いところに多く賭けて、怪しいところにはケガをしない程度に賭けるんです。場が荒れているときは、絶対に手を出さない自制心も大事ですね」と回答が来ました。

　本当はギャンブルの必勝法などないと論破して、仕事に集中させるつもりでした。しかし、彼の意見を聞いて、稼げるところに大きく投資して、不得意な分野のコストは極力削減するなど、**「まさしく経営とギャンブルは似ている」** と妙に納得してしまったのです。

161

114
ブランド力は、決してストックできない

　類まれなるホスピタリティで有名なザ・リッツ・カールトンは「ブランドとは約束である」と言い表したと伝え聞きました。私は「ウソをつかない」「お客様との約束は必ず守る」ということが、結局ブランドの確立に不可欠だと思うのです。

　ブランドとは、顧客のイメージするものに違わぬものを提供し続けることによって生まれます。「○○の商品だから大丈夫」という信頼感。だから一度ブランド力がつけば、顧客は迷わずリピーターになってくれるのです。

　しかし、たった1つの不祥事で、そのブランド力はあっという間にゼロにもなってしまう。それは、裏切られたという感情を一気に顧客に与えてしまうからです。

どんなにブランド力を蓄えても、それは金銭的なフローとは違う性質のもので、なくなるときは徐々にではなく、一瞬です。また、それを取り戻すには長時間かかります。

115
論理の積み重ねこそがビジネスである

　宮本武蔵の「一乗寺下り松の決闘」をご存じでしょうか？

　剣道師範の名門・吉岡一門が一門の面目を賭けて、幼い又七郎を大将にして100人近い門弟が、武蔵ひとりを相手に果たし合いに挑んだ話です。この圧倒的不利な決闘を、武蔵はどのように打開したのでしょうか。

　まず武蔵は、勝利の条件を敵の100人すべてを斬り倒すこととは考えませんでした。ボスである又七郎さえ倒せば勝利と考えたのです。

　そのため現地にいち早く入り、身を隠してチャンスをうかがっていたのです。そして又七郎を斬ると、田んぼのあぜ道に逃げ込みました。細い道なので、相手と戦うときは1対1の状況を作れるからです。

　このように一見難題に見えても、勝利の条件を明確にしてしまうと、意外にハードルを低くできるケースがあります。条件をクリアするために何をすべきかを、前もって論理的に考える。すると、成功の確率はかなり上がってくるのです。

116
ピンポイントで勝負しろ！

　イチロー選手のバットは、他の選手よりも細いそうです。理由は「太いバットのほうが当たる確率は高いけれど、芯の面積は細いバットも太いバットも、ほとんど変わらない」から。太いバットのほうが芯の占める比率は低く、芯を外した中途半端な当たりになりやすい。だから細いバットのほうを好むというわけです。

　この話をテレビで聞いたとき、「これは縮小する市場でのビジネス展開と似ているな」と思いました。

　つまり、太いバットは大金、細いバットは必要最低限の投資です。以前なら大金をかけても、とりあえずボールが前に飛べばOKでした。何度かスイングを繰り返すうちに、どこかでヒットが出れば十分潤ったからです。

　しかし現在は、必要最低限のコストでヒットを飛ばすことが求められる。なぜなら、太くて重いバットをスイングする力が、企業にはもう残っていないからです。

　だからこそ、こう思ってほしいのです。**「細いバットも、打ち方次第ではクリーンヒットになる確率は変わらない。だから、決して不利ではないんだ！」**と。

117
生き残りの方法は、動物たちが知っている

　マーケティングが専門の私が感心するのは動物たちの生き方と暮らし方。彼らはまさに、この分野の達人です。

　たとえば、動物が敵から身を守って生き延びるための行動には主に4つのパターンがあります。1つ目は積極的に敵を出し抜く方法。素早く走り去ったり、イカのように墨を吐いたりすること。2つ目は貝やエビのように硬い殻を持って攻撃から身を守る方法。3つ目は再生力を持つという方法。敵に身体の一部を食われても、ヒトデや多くのエビ、カニなどは再生し、生き延びるそうです。最後は捕食者が生息しないところに生息するという方法。岩に穴をあけて中に棲んだり、他の生き物が来ないような深海で暮らしたりするわけです。

　これらは、「競争相手からいかに会社を守るか」といった考え方にソックリです。**敵に対抗する長所を持つか、今持つパイを堅持するか、身を刻まれても我慢してゆっくり再生するか、それとも相手が進出してこないニッチな市場を開拓するか**……。そしてその方法は、あなた自身のサバイバルにも応用できるのです。

118
日本製品のブランド力に自信を持て！

　タイで殺虫剤を売り出した、小さな商社の話です。日本製の殺虫剤のラベル――その表記をタイ語に翻訳し、万全の準備で現地のスーパーに卸したところ、まったく売れない。そこで表記を日本語に戻し、ラベルの端に小さくタイ語で説明書きを入れてみた。すると、最初の不振がウソのように売れまくったそうです。

　実は東南アジアの国々は、日本製品に対して絶大な信頼感を持っています。中国の富裕層の中には日本産の野菜しか食べないという人もいるくらいなのです。それは、製品管理の方法が他のアジアの国々と根本的に違っているからではないでしょうか。

　というのも、日本企業は「良いものを作る」という発想で品質管理をします。そのため、製造段階でも不良品を作らないよう、厳重なクオリティ・コントロールがなされています。

　一方、他のアジア諸国では「大量に作る」ということを重視します。とにかく作り、そこで出た不良品はハネればいい、半分が不良品でも、とにかく作ってしまえと

いう考えなのです。

　当然、その差が製品のクオリティとなって表れてくる。日本の製品のその品質の部分に、アジア諸国の人々は魅力を感じているわけです。欧米諸国でさえ、日本のこういう「誠実さ」には信用をおいています。

　ドイツの有名なレンズ会社・カールツァイス社のレンズを実際に製造しているのはコシナという日本のレンズメーカー。精密機器の国というイメージがあるドイツでさえ、自社製品を工賃の高い日本の企業にOEM（委託者ブランド名製造）させているのですから、日本の底力は決して卑下するようなものではないのです。

　これは、あなた自身にも言えることです。日本の教育水準、特に社員教育などは諸外国に比べてもキチンとしています。過去の終身雇用制の良い点が、今もたくさん残っているといってもいいかもしれません。そういう土壌、バックボーンで仕事をしているあなた自身の中に、生きるためのノウハウとメンタリティはすでに揃っているのです。

「もっと自信を持て！」

　これは、今のうちひしがれた日本の仕事人に、私が投げかけたい言葉です。

第8章
自分の限界を超えた力を出すために必要なこと

あなたの未来は、明るいですか？ それとも暗いですか？ いずれにしても最後まで立っていられる体力と気力を持ち続けてください。それが、いざというチャンスのときに「自分の限界を超えた力を出し切る」ことにつながります。そのためには、「1ミリでもいいから成長しよう」という断固たる決意が必要。この気持ちを持っているか否かで、自分やチームが発揮できる力は大きく変わります。そして成功している人ほど、日々の努力を継続しているのです！

119
「ぜひ私にやらせてください」と言える人間であれ!

「苦手です」「前例がありません」「私がやるのですか?」

上の3句は、上司が嫌う部下の3大言葉かもしれません。また、はっきりと言葉に出して言わないまでも、このような部下の逃げの姿勢は、すぐ上司に見抜かれます。私は部下の行動には案外寛容なほうでしたが、こんな言葉を平気で吐く人には仕事を与えませんでした。

なぜか。それは「その部下が苦手にしていることだからこそ、一度チャレンジさせてみよう」と考えていたからです。そんな上司の気持ちも知らずに、頭から否定をされると、こちらのやる気が一気に冷めてしまうのです。

だから「苦手なこと」を上司から要求されたら、あなたは期待されていると考えていい。そしてそこにチャレンジすることで、一回り大きく成長できるのです。

ここはそんな上司の意図を汲んで、積極的に買って出ることです。「ぜひ私にやらせてください」というひと言ほど、上司にとって嬉しくて頼もしい言葉はありません。

第8章　自分の限界を超えた力を出すために必要なこと

120
自信を失いかけたら
自分の長所を書こう！

　ボロボロになった会社に勤めている人の多くは、例外なく自分自身をアンダー・エスティメイト（過小評価）しています。

　見かけはどんなに強がっていても、心の底では「私などには、そんな能力はありません。そんな力はありません」という劣等感にとらわれているようです。

　しかし、そのようなメンタリティでは、傾きかけた会社をまっすぐにすることなどできるわけありません。

　だから、私が最初にするのは、そんな彼らの劣等感をぶち壊すこと。徹底的に長所を意識させるのです。

　あなたも自信喪失気味のときは、まず自分の長所をリストにしてみてください。小さなことでいいから、臆せず書き出しましょう。

　そんな習慣を身につけると、自分が自分で思っているよりも、ずっと有能な人間であることに気がつくはずです。

121
ほしい情報は目の前、足元に転がっている

　私の知り合いに優秀な保険のセールスマンがいます。彼は十数年にわたって表彰されるくらいの人。先日こっそりとその秘訣を聞きだしました。
　その秘訣とは、訪問先の玄関を見た瞬間に、玄関から得られる情報をつぶさに頭に入れることなのだとか。
　どういうことか？
　彼の言葉を再現すると、「家の玄関ほど、情報の詰まっている場所もありません。まず、靴です。脱いである靴の数や種類や恰好で、子どもがいるのか、お年寄りがいるのか、または若いお嬢さんがいるのか、すべての家族構成が見えるのです。また、玄関がキレイか汚いか、整理整頓されているかで、その家の金銭的な余裕や性格までも判断できます」と。
　営業マンにとって、お客の懐具合を見抜くことはかなりの重要事項です。相手にどんなに買う気があっても支払い能力がなければ、商品は売れないのですから。

122
新しいビジネスモデルは「感謝」の中にある!

　長く続く不況の中、企業はみな弱体化し「健全さ」を失ってきています。派遣切りなどはその手始めに過ぎません。この先、一流メーカーでさえも、消費者の不利益を顧みず自社の利益確保のために品質を落とすような行為があるかもしれません。

　しかし、こんなビジネスモデルで生きることができるのでしょうか? 私はこのような世の中だからこそ、**「感謝されるもの」を生み出すことによって膨大なアドバンテージを得るべきだ**と考えます。「ラクになる感謝」「便利になる感謝」「快適になる感謝」「キレイになる感謝」「温かくなる感謝」「幸福になる感謝」「豊かになる感謝」……。これらを実現することによって、提供する側にもプライドが生まれる。感謝されることに感謝できるメンタリティを持てるのです。

　伸び悩んでいる人にも同じことを伝えたいものです。**「感謝されることを目指して仕事をしなさい」**と。顧客に、上司に、社長に、部下に、家族に……。関わる人たちに感謝される働きをすれば、必ず仕事力は上がります。

123
「心に塵1つ、なし!」
この心境で仕事をしよう

　ビジネスを続けていくと、どうしても乗り越えられない壁にぶち当たってしまうことがあります。私が大きな訴訟沙汰を抱える会社の再生を引き受けたときがそうでした。

　賠償問題という負の遺産は、私の精神はボロボロに疲弊させました。商品によって不利益をかぶったお客様、事件につけ込んで利益を得ようとする有象無象の者たち、やる気を失って投げやりになった従業員、そして会社の責任を追及する株主たち……。

　普段は明快、かつ論理的な仕事のアプローチを心がけている私ですが、このときばかりは心が折れて、「何を優先するべきか、誰の利益を一番に考えるべきか」さえ判断できず、無力感、脱力感を感じていたのです。

　そんな日々が続いたある日、私はいつの間にか車に乗って、箱根の山を走らせていました。

　ふと正気に戻ると、いつしか「阿弥陀寺」というお寺にたどり着いていました。夜霧にぼやけて光る明かりに誘われて、寺の中に入っていくと、その寺の和尚が私に

声をかけてくれたのです。

　私の様子が尋常ではなかったのでしょう。和尚はお堂に私を招いて、話し相手になってくれました。

　問わず語りに私が自分の悩みを話しているうちに、和尚は、**「心に塵1つなし、とあなたは言い切れますかな？」**と問うたのです。

　そのひと言を聞いて、私の心に立ち込めていた霧がサーッと晴れていきました。自分の心や思考が塵にまみれて、いや、塵にまみれていることをいいことに、「何を大事にするべきか」から目を逸らしていたことに気づいたからです。

　社長である以上、まず従業員を守ること。会社をつぶさずに従業員を守ることだけが、お客様や不利益を与えてしまった方々に対して十分な責任を果たすための、唯一の道筋であること。株主はその次に考えればいい。有象無象は断固として相手にしない。今までの悩みがウソのように晴れ、優先順位と会社を導くロードマップが頭に浮かびました。

　あなたが壁にぶつかったと感じたとき、自分の心に塵が積もっていないか、振り返ってみてください。塵を払っていけば、必ずあなたが取るべき道が見えてきます。

124
すべてをやり尽くせば、
リスクを冒すことは怖くない

「勝ち残るには、ある程度のリスクを冒して挑戦すべき」とは、よく耳にする言葉です。

しかし、大きなリスクを冒して、もし失敗すれば、会社の存亡に影響することも確か。そのためリスクを冒すことに恐怖を感じ、結果としてリスクを回避しようとする会社も多い。

私は今まで2000社以上の企業再建に携わってきました。赤字会社を再生するためには、文字どおりきれいごとではすみません。事業撤退、部門売却、人員削減といった苦渋の決断を含め、経営に大ナタを振るう。

企業再生を成功させるために必要な選択は、もはや「リスクを冒す」というレベルではなく、「博打を打つ」といった状況です。

しかし私は、この博打を打つことに関して、怖いと思ったことは一度もありません。

なぜなら、博打を打つ前には、可能な限りの、考えうる限りの、ありとあらゆる手を尽くし、再建のための努力を全力で実行していたからです。

正直、ここまでやったのだから、何らかの結果が出るだろうと思っていましたし、それでだめなら、最後はなるようになると思っていました。

　あらゆる手段を尽くしていたので、どんな結果が出ようとも怖くないという「無心」の境地になっていたのです。そこまでの努力をしていなければ、きっと博打を打つことが怖くて仕方がなかったでしょう。そして打った博打が成功する可能性も、ずっと低くなっていたはずです。

　会社には、生きるためにリスクを取らなければならない局面があります。そのときは、できる限りのすべての手立てを取り、努力をしなくてはなりません。それこそ痩せる思いで準備する。

　そうすれば「リスクを取る」ことは、ちっとも怖くなくなります。

125
プロジェクトを成功させたい人は、村おこしの法則に学べ！

　赤字会社の再生が成功する要因は、不思議なことに「町おこし・村おこし」のケースとそっくりなのです。
　村おこしが成功する鍵は、「若い世代」「イベントにのめり込む人」「よその地域の人」の３者が揃うことなのです。つまり、先入観がない人、成功させようという熱意がある人、客観的な目で進行状況を眺める人が必要なわけです。
　これを企業に置き換えると「成功へのロードマップを素直に受け入れる人材」「成功を信じて改革を推し進める人材」「セクションを離れてプロジェクトを俯瞰し、会社の持つ力を十二分に利用できる人材」なのです。
　これは企業再生だけでなく新規のプロジェクトなどの場合にも当てはまります。私は何か企画が立ち上がると、この３者をキーパーソンとした布陣を考えたものでした。そして、会社にとってマイナスな発言を続ける社員は遠慮なく切り捨て、遠ざけました。実際に、それが成功への近道だったからです。

126 日本人の特質を十分に生かせているか？

　なぜ私が横着者に手厳しいかといえば、それは元来、日本人が「誠実で、勤勉な国民である」と思っているからです。

　言葉を換えれば、他の国と比べて**「誠実さや勤勉さこそ、日本人の特質」**だと考えているのです。だから、横着者を歯がゆく感じるのでしょう。

　長年、グローバルな外国資本の企業に身を置いてきた経験上、日本人ほど誠実で勤勉になれる国民はいませんでした。だからこそ日本人は完成度の高い製品を生み出し続けてこられたわけです。

　しかし、近年急にこの美風が失われてきたのも事実。日本がこのまま二流国、三流国に落ちていくか、世界を制していくかは、この日本人が生まれながらにして持っている勤勉さというDNAにかかっているのではないでしょうか。

　企業内でも、誠実さと勤勉さは武器になりこそはすれ、決してあなたの評価を下げる材料にはなりません。

127
無気力な環境を放置してはいけない!

　赤字の再生会社を訪れたとき、何とも言えない嫌悪感を覚えることがあります。社屋があって、人がいるのに人の気配が感じられない、まるで幽霊屋敷のような会社に足を踏み入れたときです。職場を飛び交う怒鳴り声や、再生のためにやってきた私に対しての非難の声が聞こえる場合は、実はまだやりやすい。従業員たちに元気がある証拠だからです。そういう会社には、ときにはケンカまがいの言い合いをして、お互い納得しながら再生を進めていくパワーが残っている。

　しかし、従業員たちが無気力になっている会社は、病根が深く、再生に時間がかかるのです。

　無気力職場の特徴はおおむね4つ。

　まず、敗因を探らず、ほったらかしにして、事態がますます悪化していること。不良債権や不良在庫の増加などが、その顕著な例です。

　次に覇気のない社員が多いこと。これは、事なかれ主義のサラリーマン根性の社員が多いという証拠。どんなに業績が落ちても「他人事(ひとごと)」で、会社に来れば給料がも

らえるとしか思っていない無責任な人たちが大勢を占めている。

　そしてそういう社員たちが、やる気のある社員の足を引っ張っているというのが第3の特徴。無気力パワーというのは意外に強力、かつ陰湿です。

　4つ目は、そういう企業は例外なく組織の風通しが悪い。営業側からは市場のニーズや他社の動きなどの情報は発信されないし、開発や製造の現場もマーケティングには一切無関心。セクションが孤立して、会社全体としてまったく有機的な動きが取れていないのです。

　もしあなたがリーダーなら、自分の部署をそのような無気力な職場にしてはなりません。その第一歩は、次の4点を心がけることです。

1．組織の風通しを良くする
2．社員の責任感を改善する（信賞必罰を明確にする）
3．組織からタブーをなくす
4．消費者の声から逆算して仕事を考える

　無気力社員は、因習と無責任から生まれます。その元をまず断ち切るのが、組織改革のツボなのです！

128
ビジネスの世界では70点で許されない!

「まあ、この程度でいいだろう」とばかりに、自分で仕事の合格点を70点くらいに決めてしまう人がいます。私はこんな人たちを愚かだとは思いません。むしろ、無謀だと感じてしまうのです。

ビジネスの世界は大学とは違います。大学入試では、満点でも70点でも合格という事実は変わりません。

しかし、ビジネス界ではたとえ95点でも、相手の基準から見ればダメというケースが多いのです。**私は70点でよしとする人は、30点分に目をつぶって、それを自ら放棄している人にしか見えません。**

たとえば、もう1回、もう1時間、余計に交渉したら契約も成立したかもしれないのに、とっとと帰ってしまうような人——自ら好んで損をしているとしか思えないのです。

製品の完成度のチェックリストのうち、99カ所がOKでも、1カ所がNGなら、それは不良品です。

常に100%を目指すこと。それこそができるビジネスパーソンというものではないでしょうか。

129 自分の財産を事業につぎ込む勇気を持ちなさい！

　私はつぶれる一歩手前の会社の社長を前にして、「まずは自分の財産を投入しなさい！」とアドバイスするケースがあります。特に近年、「それぐらいしないと、会社がつぶれますよ」と言わざるを得ない状況が増えてきました。

　財産とは、お金だけを意味しません。時間や情熱、努力といった自分自身の持ち物を、総動員して仕事につぎ込むことです。**この弱肉強食の時代には、身を安全なところにおいて乗り越えられるほど甘いものではありません。**

　ここまで落ち込んだ経済状況。貸し剥がしや売り掛けが回収しきれない事態に対応するには、我が身を切り裂く選択が、経営者に求められるのです。

　一般のビジネスパーソンにとって、このような話は他人事、リアリティを感じないかもしれません。

　しかし、自分の財産を仕事につぎ込むくらいの気持ちがないと、生きられない時代に突入しているという現実に、皆さんにも気づいてほしいのです。

130
身体を使っていない人、頭を使っていない人にツキは決して回ってこない

　これは1つの考え方ですが、人材を中途採用するとき、企業が欲しいのは「ツキのある人」です。
　幸運の女神を引き連れて入社してくれる人ほど、企業にとってありがたいことはない。
　自慢させていただけば、私はそんな人材を1回の面接で見抜く名人でした。

　面接に来る人は、大体3つのタイプに分けられます。
　まず論外なのが、「私は一部上場会社で課長をしていました」と過去の肩書きを強調するタイプ。
　そして一番多いパターンが、具体的な数字をあげて成功体験をアピールする人。たとえば、「前職では新製品の市場導入に関わり、1億円以上の売り上げを達成しました」と言われると、たしかに優秀なのかな、と思ってしまいます。
　しかし、私はここでさらに質問をして、ツキを持っている人かどうかを見分けます。「そのプロジェクトが成功した要因は何ですか？ そしてあなたのどんなスキル

と行動が、成功するのに役立ちましたか？」と。

すると、案外、的確な答えが出てきません。そのプロジェクトのときには幸運に恵まれていたかもしれませんが、転職後にその幸運を発揮してくれるかどうかはわかりません。

私が求める本当にツキに恵まれている人材とは、自分の成功体験から、成功の要因を取り出して、自分の「勝ちパターン」を構築している人なのです。

極論すれば、ビジネス上のツキはスキルから出た結果です。

成功への必勝パターンは、骨惜しみせず働き、頭もフル回転させている人にしか身につかないからです。

面接で、この勝ちパターンを持っている人が見つからなかった場合は、逆に失敗について、その敗因をきちんと語れる人を次善の人材として採用します。

つまり失敗を人のせい、会社のせいにせず冷静に分析できる人なら、逆に「負けないパターン」を構築できる可能性があるからです。

131
不運を嘆くな！
幸運も喜ぶな！

　運とは怖いものです。万全の態勢で臨んだ仕事が、不測の事態で頓挫することがあります。
　反対に、どう考えてもフロック（まぐれ）としか言いようのない大ヒットがポンと生まれることもある——。

　でも、そのこと自体は、運というものの本当に怖い部分の本性ではありません。
　運が持つ本当の怖さとは、運に左右された仕事の結果を、当事者が自分の実力と勘違いしてしまう点であり、またその逆もあります。
　つまり、不運に見舞われた人は、自信を失って肩が丸く、猫背になる。すると、よけいに周囲に「失敗者」という印象を与えてしまいます。

　ですから、不運を嘆いている暇などないのです。とても難しいことですが、気持ちを新たにして、失敗は運のせいではなく、自分の実力のせいと思って仕事に励むしかありません。

とはいえ、ツキはないより、あったほうがいい。

しかし、成功を自分の実力と勘違いして、傲慢になったり、仕事をなめてかかったりする人もいます。

また、幸運にも若い頃にツキに恵まれて成功してしまったために、そこで才能が大きく花開くことなく、晩年は寂しい思いをしている人もいます。

どちらにしても、運に左右された結果は、次の仕事につながるものではないと、割り切ることが必要なのです。

「運も実力のうち」とうそぶいている人には、いつまで経っても、本当の実力は身につきません。

132
ゴールへの道筋は1つではない

　仕事でもサッカーの試合でも、目指すのは「ゴール」です。できれば最短距離で効率よく、ゴールにたどり着きたいもの。

　しかし難問を抱えているときは、無理をして最短距離を目指すのは危険。最短のルートには落とし穴が待ち受けていることがあるからです。

　そんなときに、いつも私の気持ちをラクにしてくれたのが、「山は西からも東からでも登れる。自分が方向を変えれば、新しい道はいくらでも開ける」という松下幸之助さんの言葉です。

　山頂へのルートは1つではありません。

　どこから登っても、上を目指す限り、いつかは頂にたどり着くのです。

　山男は自分の体力と装備を考えて最良のルートを選びます。同じようにビジネスでも、自分の能力やスキルを遺憾なく発揮すれば、必ず山頂への道は開けるのです。

133
完璧を目指しなさい！そこには必ず副産物がついてくる

　私が眼鏡メーカーのニコン・エシロールの社長兼CEOを務めていたときのこと。店頭でディスプレイされている眼鏡はライバル会社の製品にも、また我が社の製品にも等しく、多くのレンズに指紋がついていました。

　そこで「せめてウチの商品だけでも指紋がついていなかったら、どうだろう？」と言うと、営業部員たちは小売店を回るたびに自社の眼鏡をきちんと拭いたのです。

　すると、すっと売り上げが1割程度上がった。眼鏡というのは直接、身体に触れる製品だけに、指紋がついているか否かでは、お客様に与える印象が違うのです。

　しかし、指紋拭きの効果はそれだけではありませんでした。まず、すべてをキレイにしたいという気持ちからか、店頭での自社製品の並べ方が整ってきた。そして、周囲から「あそこの社員は身体の動かし方が変わってきた」と評判になったのです。

　すると一層、営業部員は誇りを持って仕事に励むようになってくる。**常に完璧を目指すことで、利益や成果だけでなく、働く喜びという副産物もついてきたのです。**

134
結局、一歩一歩進む者が一番遠くまで進む

「Step by Step」という言葉を知ったのは小学生の頃、もう65年以上も前のことです。

女子マラソンの金メダリスト・高橋尚子さんを育てた小出義雄監督は私の同級生ですが、そのとき、ともに教わった大野順司郎先生から、「君たちはこれから、子どもから大人になる過程でいろいろな生き方のコツを覚えていかなくてはなりません。でも、それを一気に覚えることは不可能です。ステップ・バイ・ステップと英語では言うのですが、焦らず一歩一歩進むしかないのです」と指導されたことを、昨日のことのように思い出します。それ以来、私はこの言葉が大好きになりました。

一歩一歩、自分の足で大地を確かめながら歩くからこそ、力になる。

そのことを最近の日本人は軽視しすぎているように思えるのです。

昨今、最小の努力で最大の効果を求める人が増えています。

しかし、現実はそれほど甘くはないと思います。
「最大の努力を払った者こそが最大の効果を得られる」
というのが、50年間のビジネス人生から得た私の実感であり、それが真実なのです。

　今回もまた、この言葉を将来のある皆さんにバトンタッチしたいと思います。

仕事と人生の先輩
長谷川和廣より、若い人たちへ

【著者紹介】

長谷川 和廣（はせがわ・かずひろ）

●──1939年千葉県生まれ。中央大学経済学部を卒業後、グローバル企業である十條キンバリー、ゼネラルフーズ、ジョンソンなどで、マーケティング、プロダクトマネジメントを担当。その後、ケロッグジャパン、バイエルジャパンなどで代表取締役社長などの要職を歴任。ケロッグ時代には「玄米フレーク」、ジョンソン時代には消臭剤「シャット」などのヒット商品を送り出す。

●──2000年、株式会社ニコン・エシロールの代表取締役に就任。50億円もの赤字を抱えていた同社を1年目で営業利益を黒字化。2年目に経常利益の黒字化と配当を実現、3年目で無借金経営に導く。これまでに2000社を超える企業の再生事業に参画し、赤字会社の大半を立て直す。現在は会社力研究所代表として、会社再建などを中心に国内外企業の経営相談やセミナーなどを精力的にこなしている。

●──27歳のときから、有益な仕事術、人の動き、組織運営、生き残り術などのエッセンスを「おやっとノート」として書き留め始める。この習慣は78歳の現在も続いており、その数は283冊に達する。これをもとにして出版された『社長のノート』『社長のノート2』『社長のノート3』（いずれも小社）は累計25万部を超えるベストセラーとなった。その他の著書に、『超・会社力』『仕事前の1分間であなたは変わる』（いずれも小社）などがある。

2000社の赤字会社を黒字にした 社長のノート 〈検印廃止〉

2017年10月16日　第1刷発行
2017年11月1日　第2刷発行

著　者──長谷川和廣
発行者──齊藤　龍男
発行所──株式会社かんき出版
　　　　東京都千代田区麴町4-1-4　西脇ビル　〒102-0083
　　　　電話　営業部：03(3262)8011代　編集部：03(3262)8012代
　　　　FAX　03(3234)4421　　　振替　00100-2-62304
　　　　http://www.kanki-pub.co.jp/

印刷所──大日本印刷株式会社

乱丁・落丁本はお取り替えいたします。購入した書店名を明記して、小社へお送りください。ただし、古書店で購入された場合は、お取り替えできません。
本書の一部・もしくは全部の無断転載・複製複写、デジタルデータ化、放送、データ配信などをすることは、法律で認められた場合を除いて、著作権の侵害となります。
©Kazuhiro Hasegawa 2017 Printed in JAPAN　ISBN978-4-7612-7293-7 C0034